Adieu les kilos résistants !

Fabriqué par les Éditions Larousse
21, rue du Montparnasse 75006 Paris (livres-larousse@larousse.fr)
EAN 9782036076020
ISBN : 978-2-03-607602-0

Adieu les kilos résistants !

La méthode Anna Austruy
35 kilos perdus et jamais repris !

LAROUSSE

SOMMAIRE

INTRODUCTION

Vous en avez assez de ne pas aimer votre reflet dans le miroir ? Vous avez du mal à trouver des vêtements qui vous plaisent ? Vous avez déjà essayé de perdre du poids, en vain ? Vous ne savez plus quoi faire pour mincir ? Vous vous découragez et reprenez des kilos encore et encore ? Vous voulez vous lancer dans un parcours minceur, mais vous avez du mal à franchir le pas ? Peut-être que les tentations alimentaires sont trop fortes, ou que vous ne savez pas vraiment par où commencer. Peut-être même que, malgré tous vos efforts, les kilos s'accumulent toujours.

Bienvenue à vous qui luttez contre les kilos superflus ! J'ai très envie de vous aider à cultiver la flamme de la motivation pour combattre les kilos résistants et à incarner la réussite. Comme l'étoile du berger, laissez-vous guider par cet ouvrage, votre compagnon de voyage vers une vraie transformation, et dégommons ensemble les kilos.

Comment allons-nous procéder ? Résoudre un problème de poids, c'est d'abord prendre conscience que quelque chose doit changer. C'est faire le bilan honnête de votre situation, lister les faits et les chiffres. Et si vous transformiez ce sujet sensible en un défi personnel afin de vous fixer des objectifs réels et réalisables ?

Puis, c'est faire un pas vers soi. Vous allez déployer une énergie inébranlable face aux tentations de la flemme, embrasser le changement conscient, gravir votre sommet et nager la brasse à contre-courant des problématiques.

Êtes-vous prête à focaliser sur des solutions, à visualiser au-delà des problèmes, à devenir la persévérance même, à appréhender les obstacles comme une chance de gagner en dépassement de soi ?

Je vous propose une autre façon de penser votre perte de poids : un nouvel angle de vue plus serein et rempli de douceur. Car oui, de la douceur, nous en avons besoin. Qu'avons-nous fait à notre corps pendant tant d'années ? Ce corps qui crie et que nous n'entendons pas, ce corps qui souffre et que nous ne regardons plus, ce corps qui nous alerte, mais nous faisons la sourde oreille...

PRÊTE À ÉCRIRE UNE NOUVELLE HISTOIRE ?

Installez-vous confortablement et réécrivons maintenant votre nouvelle expérience de perte de poids. **Je souhaite vous donner des pistes pour intégrer un rééquilibrage alimentaire dans votre assiette sans interdit ni culpabilisation et vous faire des propositions pour adopter de nouvelles perspectives face à la perte de poids**.

Et si on déclarait aujourd'hui la « Journée officielle de la transformation sereine » en disant adieu aux kilos résistants ? Enfilons nos chaussures de marche pour le grand marathon vers notre doux intérieur... non sans perdre quelques kilos superflus en route, évidemment. **C'est le moment de trouver cette force cachée quelque part entre le canapé et le frigo, et de briser le cercle infernal des régimes yoyo à gogo** pour sauver notre propre petit moi égaré dans la quête du bonheur pondéral.

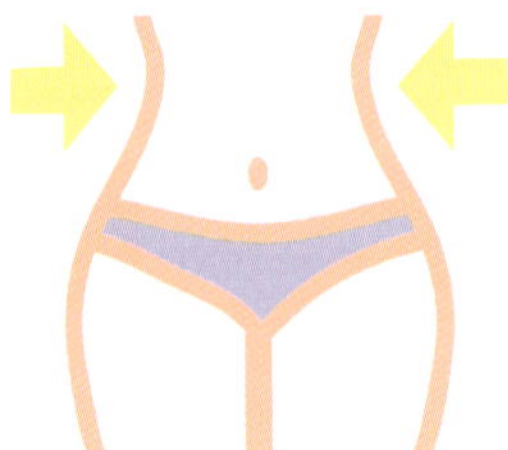

Vous savez, ça faisait un bon moment (10 ans !) que je n'avais pas tapoté sur mon clavier au sujet des kilos. J'aime faire les choses en étant poussée par l'envie, et surtout pas par un fouet invisible ou une obscure obligation. (Pour cela, chapeau à mon éditeur, il doit sentir cette aversion pour la pression !) Pendant toutes ces années, j'ai beaucoup appris sur moi, sur les autres, sur nos modes de fonctionnement.

Alors j'ai pris une décision plus revigorante qu'une douche froide : **adieu la routine et bonjour le coaching « dentelle » avec ma méthode simple basée sur le bon sens : Résilience Minceur.** Je veux vous offrir un coaching punchy pour vous aider à surmonter les épreuves du surpoids et à engager le bien-être tant au niveau de votre physique que de votre état d'esprit. Roulement de tambour, s'il vous plaît, car je vais tout donner !

AVEC LE CŒUR ET MES EX-POIGNÉES D'AMOUR

Mais avant toute chose, laissez-moi vous prévenir : je ne vais pas réinventer le guide de la parfaite petite régimeuse ni décortiquer la diététique. Laissons ça aux savants, aux spécialistes et aux médecins. Moi je suis en legging avec mon expérience dans ma poche droite et mon envie sans faille de vous aider dans la poche gauche. Je suis plutôt du genre à vous parler avec le cœur... et avec les poignées d'amour que j'ai patiemment abandonnées en route. Moins 35 kg au compteur (applaudissements, s'il vous plaît). Oui, je sais, c'est comme si j'avais perdu un bouledogue anglais !

Je vous parlerai sans détour, et avec un peu de chance, je réussirai à vous détourner du « gourou balance » qui fait la pluie et le beau temps dans votre tête. Allez ranger le pèse-personne que vous aviez certainement mis en évidence dans votre salle de bains, votre chambre, votre cuisine ou je ne sais où afin de l'avoir devant les yeux 24 heures sur 24. C'est comme si vous écoutiez en boucle la musique des *Dents de la mer* ou de *Psychose*. Quelle angoisse ! Qu'en pensez-vous ? Sortez plutôt un vêtement canon que vous aimeriez enfiler sans avoir à camoufler quoi que ce soit. Prenez ce vêtement en photo et zouuuu, en fond d'écran !

Certaines d'entre vous pensent peut-être que maigrir, c'est comme essayer d'escalader un sommet en tongs : difficile, voire carrément irréaliste. Mais je suis là pour balayer vos doutes sur les kilos résistants avec la même énergie que j'ai utilisée pour retrouver la raison face aux chips dans mon placard...

Préparez-vous à changer d'opinion sur ce que vous croyez possible ou impossible, parce qu'ensemble, nous allons non seulement retrouver une taille adaptée, mais aussi s'amuser en chassant les kilos superflus. Et tout ça, de façon saine et réfléchie. Ouf, promis, pas de régime soupe à l'eau, légumes vapeur et privation jusqu'en 2040 !

Je m'en vais vous conter mon exploration des profondeurs du surpoids, ce véritable casse-tête chinois sans mode d'emploi. Il est grand temps de libérer nos corps des chemises étriquées et des jeans trop serrés. Évadons-nous de cette image cachée de nous-mêmes, de cette terreur de déplaire, de l'autocritique permanente et de cette angoisse viscérale à l'idée que notre silhouette ne suive pas les caprices de notre balance... Détendons ce cerveau constamment en alerte rouge dès qu'un éclair au chocolat ou un bout de comté passe à l'horizon. (Je peux dans la foulée ajouter le saucisson sec !)

Allez, oublions les « je devrais », « je ne peux pas », « je suis trop », « il faut que ». Ouvrons la boîte à confettis et la guirlande lumineuse, parce que le voyage vers soi se célèbre en musique ! Après tout, on n'est jamais mieux servi que par soi-même pour devenir la version la plus wahouuu de soi-même ! C'est parti pour *this adventure* minceur !

Mo-ti-vée

Il n'y a pas de solution miracle pour perdre du poids rapidement. Cela demande du temps, de l'effort et de la patience. La clé réside dans votre motivation à agir. Quelle voie choisissez-vous pour vous délester de ce poids encombrant ? Êtes-vous prête à adopter un mode de vie sain et équilibré ?

Le chemin vers la perte de poids peut être difficile, mais en gardant les yeux fixés sur vos objectifs et en restant motivée, vous pourrez y parvenir. La persévérance est essentielle et chaque petit progrès compte.

Ravivons l'étincelle intérieure et chassons les démons de la démotivation ! Il est temps de vous fixer un cap ambitieux, mais pas trop quand même afin d'éviter la pression et l'abandon. Faites taire la mélodie du « je ne peux pas, je n'y arrive pas, c'est trop compliqué ». N'attendez plus, prenez les choses en main dès maintenant !

DACC OU PAS DACC ?

La méthode DACC offre une recette gagnante pour obtenir des résultats remarquables grâce à quatre composantes clés. C'est la méthode de motivation que j'utilise le plus souvent dans mes accompagnements pour relancer un amincissement lors d'un parcours de perte de poids. Explorons-la ensemble avec une pincée d'humour et beaucoup d'encouragements !

Décision + Action + Cohérence + Constance = Résultat

DÉCISION

Premièrement, prenons une **décision cruciale** – comme choisir la crème ou le sucre dans son café – mais appliquée à notre vie. Décider, c'est poser la première pierre vers un avenir prometteur. Cette prise de décision doit être éclairée et ferme. Il s'agit de choisir une direction en fonction de vos objectifs.

Différentes décisions peuvent être prises lors d'un parcours de perte de poids. Par exemple, je décide de :

- m'organiser pour prévoir des menus ;
- intégrer plus de poisson ;
- mettre en place une activité pour bouger mon corps ;
- ne pas négliger l'hydratation ;
- respecter un équilibre qui me correspond au mieux ;
- accepter que tout peut être rattrapable ;
- me féliciter pour ce que je fais et cesser de penser que je fais mal ;
- savourer les bons moments sans culpabilité ni jugement ;
- rester volontaire même pour moi ;
- me choisir, c'est-à-dire que je deviens ma priorité, je passe avant les autres, et veiller sur moi de la bonne façon. Etc.

ET VOUS, QUE DÉCIDEZ-VOUS ? : ....

....

....

....

....

....

....

....

....

....

....

....

....

ACTION

Deuxièmement, passons à l'**action**, car il n'y a pas de résultat sans action concrète ! Imaginez que votre décision est comme lancer une flèche en direction de votre cible. Cet élan doit être précis et aligné avec vos objectifs.

Il importe d'agir conformément à vos décisions. Donnez la bonne consigne à votre cerveau, expliquez-lui clairement ce que vous allez concrètement mettre en place.

Par exemple :

- Je cuisine un peu plus avec l'objectif de me régaler.
- Je dresse une liste de courses pour organiser mes repas.

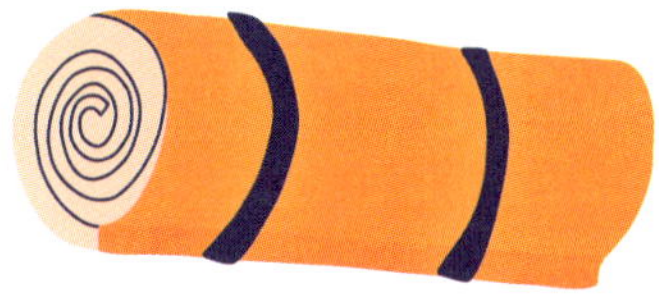

- J'arrête de penser, je fais.
- J'apprends pour comprendre ce qui me convient.
- Je me récompense par un sourire à chaque petite action en faveur de ce que je veux réussir.
- Je mets une appli en place pour penser à boire de l'eau.
- Je planifie ma séance d'activité, même pour 15 min, c'est toujours mieux que zéro.
- Je veille à bien respecter l'équilibre des macronutriments qui permettent à mon organisme de fonctionner de façon optimale.
- Je grimpe sur mon vélo d'appartement ou je m'allonge sur mon tapis tel jour à telle heure.

Et vous, quelles actions vous permettront d'atteindre vos objectifs ?

....

....

....

....

....

....

....

....

COHÉRENCE

Troisièmement, embrassons la cohérence et alignons nos actions avec nos objectifs et nos valeurs. Gardez en tête que vos actions, vos paroles et vos pensées doivent s'harmoniser comme une belle symphonie. C'est l'art de vivre selon vos convictions – autrement dit, d'être ce magnifique chef d'orchestre de votre propre concert.

Ainsi vos décisions et vos actions doivent être en cohérence avec ce que vous voulez atteindre et avec la femme que vous souhaitez devenir.

Rappelez-vous de ce que vous voulez vraiment et agissez avec le comportement qui donnera du sens à votre objectif. L'incohérence déclenche une perte de moral. Essayer encore et encore, c'est se choisir, ne jamais s'abandonner. Néanmoins veillez à avoir un objectif réalisable.

Pour cela, faites les bons choix, par exemple : il vous reste deux steaks hachés à la maison. Vous êtes trois : votre conjoint, votre enfant et vous. Bonne maman que vous êtes, vous donnez un steak pour chacun d'entre eux et vous, vous vous jetez à corps perdu sur la ratatouille pour finir sur le pain et le fromage. Se choisir, c'est faire une bolognaise et partager le repas ensemble. Vous n'êtes pas moins, vous méritez autant que votre famille.

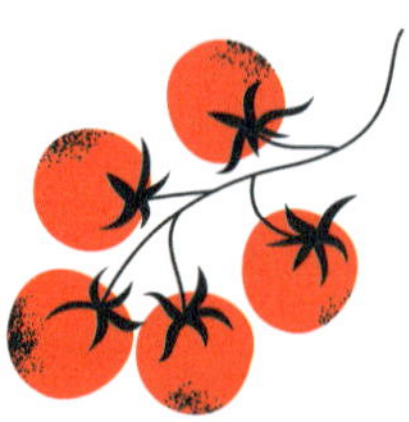

CONSTANCE

Quatrièmement, la constance est notre alliée et avec elle, la régularité, la répétition, le travail... Imaginez que vous êtes une athlète en quête d'une médaille d'or. La persévérance dans l'entraînement et une certaine discipline sont vos clés pour briller. La constance, c'est aussi savoir maintenir un rythme sur le long terme qui vous propulse vers l'avant, sans flancher, tel un marathonien qui vise la ligne d'arrivée avec un mental d'acier.

➡ *Sélectionnez 5 actions simples et portez votre attention sur leur efficacité :*

1. ....

2. ....

3. ....

4. ....

5. ....

Concentrez-vous sur elles. Répétez-les, entraînez-vous à les appliquer, appréciez et ça va aller !

RÉSULTAT

Vous voyez, bâtir son bien-être, c'est comme construire un château de cartes, en ajoutant une carte à la fois avec patience et détermination, jusqu'à ce que vous dominiez majestueusement votre empire du bonheur, avançant vers vos objectifs, armée de confiance et libérée de toute peur. Gardez le sourire aux lèvres, prenez du recul et souvenez-vous que chaque petit pas est un gigantesque bond vers la réalisation de soi. Haut les cœurs !

Mes astuces pour réveiller sa motivation

Réveiller sa motivation chaque matin, c'est un peu comme dresser son chat à faire des galipettes : une tâche de chaque instant, mais passionnante ! Alors pour vous aider à chausser vos patins à roulettes motivationnels, voici des astuces afin de garder le cap et de ne rien lâcher.

- Des mots doux : Parlez-vous comme le ferait une amie – une amie gentille – pour vous encourager. « Allez, ma bichette, aujourd'hui, tu déplaces des montagnes. »
- Le vêtement porte-minceur : Sortez cette tenue qui vous rend invincible. Imaginez-vous conquérant le monde (ou du moins la file d'attente à la boulangerie) avec une classe inégalée.
- Le visuel motivation : Mettez en écran d'accueil sur votre ordinateur ou votre téléphone LA photo qui vous inspire. Moi, par exemple, j'ai une photo de l'Île Maurice. Ça me fait rêver et ça me motive pour aller à la salle de sport.
- Des économies spécial dressing : Vendre vos anciens vêtements pour financer votre nouvelle garde-robe ? C'est le moment d'envisager une carrière dans le commerce de fringues... ou pas. Mais avouez que l'idée d'un budget shopping petite robe noire peut faire briller vos beaux yeux, bien plus qu'une gaine ventre plat !

- Acheter plus petit, viser plus haut : Choisir un vêtement une taille en dessous s'avère efficace.
- Des mantras dans les chaussures : Écrivez des mantras et glissez-les sous la semelle. Votre cerveau recevra un message à chaque pas. « Je suis confiante », « je ne lâche rien », « je suis capable »...
- Séance de diva : Faites un shooting photo professionnel. On n'a jamais trop de photos où l'on se sent comme une princesse devant son miroir de salle de bains.
- Relooking extérieur, rénovation intérieure : Une séance de relooking pour réveiller la diva qui sommeille en vous et prouver que « je n'ai rien à me mettre » n'est pas une fatalité.
- Massage et chouchoutage : Offrez-vous une séance de massage. Parce que parfois, la plus grande motivation, c'est de savoir que l'on prend soin de soi.

En fin de compte, se motiver, c'est un peu comme essayer de faire un cha-cha-cha avec un chat. Ça ne réussit pas à tous les coups, mais quand ça marche, ça vaut toutes les vidéos de chats du monde.

CHOISIR
LE PROGRÈS

Avant de mettre en place différents leviers d'une efficacité redoutable, j'aimerais vous éclairer sur le progrès. Vous avez la capacité de progresser, d'évoluer, d'apprendre et de désapprendre. C'est vraiment une chance incroyable pour atteindre vos objectifs. Alors ni une ni deux, offrez-vous une autre opportunité de réussir et de maintenir un poids qui vous convient.

Ne visez pas la perfection, elle est source de stress. Mais choisissez le progrès, il est signe d'évolution et de réussite. Il vous apaise et vous met dans une énergie haute. Le progrès vous rend fière, heureuse, bien dans votre peau, confiante... Orientez le zoom sur l'observation et non sur le jugement et la critique. Et voici une phrase clé pour vous y aider : j'aime me voir agir. Cela vous est sans doute déjà arrivé d'être satisfaite de vous en ayant accompli une action, vous donnant de l'élan pour continuer d'avancer ?

Prenez quelques instants afin d'identifier quelles ont été les situations où vous avez fait preuve de progrès ? Par exemple : pour la conduite, le travail, la couture, le sport, Internet, l'informatique, la compréhension de la notice de votre robot de cuisine...

Dans ma vie de jeune maman, entre les bibs, les couches, les repas, les soins... il m'a fallu un temps d'adaptation pour être au taquet. Vous n'imaginez même pas à quel point j'ai galéré avec les petits adhésifs des couches sur les côtés. Arf ! Un vrai casse-tête, les couches étaient toujours soit trop serrées soit pas assez !

Et vous ? Souvenez-vous, votre premier cours de zumba, de chant, de danse country, de musique, de yoga, de poterie... Vous aviez deux choix : abandonner, aucun

UNE RÈGLE D'OR : ACCEPTEZ DE CHANGER VOTRE VISION DES CHOSES. UN TUYAU D'ARROSAGE QUI BOUGE EN ZIGZAG GRÂCE À LA PRESSION N'EST PAS UN SERPENT ! UNE PERSONNE QUI CRIE N'EST PAS FOLLE, ELLE EST PEUT-ÊTRE SURPRISE OU A PEUR !

« POUR FLAMBER LES KILOS

ET POUR FACILITER VOTRE CHEMIN,

SOYEZ DANS LE PROGRÈS

ET NON DANS LA PERFECTION. »

feeling dans cette activité, ou bien répéter, vous entraîner jusqu'à constater votre incroyable progression. La reine du *dance floor*, maintenant, c'est vous ! Observez avec quelle facilité vous avez évolué.

RÉPÉTER POUR PROGRESSER

Le progrès ne fonctionne pas sans apprentissage, sans répétition ni volonté d'avancer. Il est visible et actif au fil du temps et le temps représente votre vie. Vous avez la vie entière pour apporter du progrès à votre quotidien.

Vous ne savez pas cuisiner ? Vous n'êtes pas la seule. Avez-vous envie d'apprendre ? Si oui, commencez avec des petites recettes de cinq lignes, des recettes sans bla-bla, des recettes pour enfants... Si ce n'est pas dans ce domaine que vous voulez progresser, c'est OK. Acceptez-le, cessez de vous tourmenter et mettez le focus sur autre chose.

Rien, malheureusement, ne tombe tout cuit dans notre vie, à part la main dans les chips et les cacahuètes. Ce qui est, en ce moment, compliqué ou difficile à vos yeux deviendra automatique et efficace à force de répétition et de persévérance. Alors accrochez-vous et sortez de la rumination négative. Nous sommes bien d'accord : vouloir avancer pour prendre l'autoroute avec le pied sur le frein est impossible ?!

LES PETITS *PAS*

Faites des petits pas pour aller très loin dans votre perte de poids. Le progrès est votre nouveau mantra. Il vous apporte fierté et satisfaction, et par ricochet un état d'esprit positif et plein d'entrain. La technique des petits pas va se révéler indispensable pour vous accompagner sur le chemin du progrès.

Avez-vous remarqué qu'en télétravaillant, nous battons des records de pas journaliers ? En estimant faire cinq allers et retours entre l'ordinateur et la cuisine, nous frôlons les 154 pas par jour ! Alors quand vous décidez de sortir une petite heure pour un budget de « 4 300 pas », soyez fière de vous. Même si vous n'avez pas fait les 10 000 pas recommandés. Votre référence, c'est VOUS et pas votre voisine ou votre amie adepte du sport de haut niveau.

1, 2, 3, SOLEIL !

Rappelez-vous du jeu de notre enfance « 1, 2, 3, soleil » : on avance soit avec des pas de souris, soit avec des pas de géant. Les deux fonctionnent : on peut prendre son temps ou rester en alerte. Le tout est de trouver le bon compromis pour avancer et ne pas se faire éliminer. Si on transpose le jeu à la perte de poids : avancer, c'est réussir à perdre des kilos et se faire éliminer, c'est abandonner son projet. Souvenez-vous aussi de la fable de La Fontaine *Le lièvre et la tortue*...

8 raisons d'intégrer les petits pas dans un parcours de perte de poids

- **1.** C'est une méthode facile ponctuée d'étapes avant l'objectif final.
- **2.** Vous êtes la seule à décider du rythme que vous choisissez.
- **3.** Zéro précipitation.
- **4.** Zéro privation.
- **5.** Un déficit énergétique (calories) juste et adapté, de 10 à 15 % (par exemple, pour 2 000 calories par jour, 10 % de moins revient à 200 calories en moins).
- **6.** Moins de pression.
- **7.** De la fierté régulièrement.
- **8.** Un boost de motivation à chaque petite action.

Pratiquer les petits pas, c'est avancer doucement mais sûrement. Cela vous offre de la sérénité. C'est aussi un moyen de respecter votre organisme et de lui laisser le temps d'assimiler votre nouvel équilibre alimentaire. Vous faites le job avec des petits pas et pour le reste, vous laissez faire votre organisme.

Bien sûr, il vous faudra de la patience et de l'indulgence. Car rien ne se règle en deux temps trois mouvements. Oubliez les body challenges en mode express ! Et songez : depuis combien de temps planchez-vous sur le dossier amaigrissement ? Cinq, dix, quinze, vingt ans ?... Faisons autrement !

➡ *Questionnez-vous :*
Pourquoi suis-je dans l'urgence en voulant tout cadrer et ne rien laisser passer ? Qu'est-ce que je cherche en m'infligeant un tel contrôle ?

....

....

....

....

PRISE DE CONSCIENCE

- 100 g par semaine = - 5,2 kg par an
- 300 g par semaine = - 15,6 kg par an
- 600 g par semaine = - 30 kg par an

« NE CRAINS PAS D'AVANCER LENTEMENT, CRAINS SEULEMENT DE T'ARRÊTER. » (PROVERBE CHINOIS)

DES EXEMPLES DE PETITS PAS

➡ Vous mangez un paquet de chips par jour : commencez par enlever une poignée.

➡ Vous buvez 5 verres d'alcool en soirée : passez à 4.

➡ Vous dévorez la tablette complète de chocolat : prélevez un carré, rangez-le et mangez le reste.

➡ Vous n'avez pas envie de bouger : dansez le temps d'une chanson de 3 min, vous aurez peut-être envie d'une autre chanson...

➡ Vous aimez les pains au chocolat : préférez du pain avec un carré de chocolat.

➡ Vous mangez vite : mâchez 7 ou 10 fois au lieu de 3 ou 5 fois.

➡ Vous ne buvez pas d'eau : ajoutez un verre jour après jour.

➡ *Notez vos idées de petits pas :*

....

....

....

Qu'ai-je à gagner avec ce nouveau comportement ? Le progrès, la fierté et la valorisation. Ne cherchez pas autre chose, un carré de chocolat en moins réduira l'apport énergétique, mais ne vous fera pas perdre du poids dans l'immédiat. En revanche quelle belle énergie de progression que vous allez vous offrir ! Chaque petit pas est un cran supplémentaire vers votre bien-être. Visualisez une ceinture, vous gagnez un trou et vous savourez votre réussite.

LUTTEZ *CONTRE LA DÉMOTIVATION !*

On me demande souvent : « Mais comment as-tu fait pour rester motivée lors de ton amaigrissement de 35 kg ? Comment as-tu géré tes phases de démotivation ? Qu'est-ce qui t'a permis de ne pas lâcher l'affaire ? Comment as-tu trouvé la force en toi ? Qu'est-ce qui t'a fait tenir ? »

Autrement dit : quand on est en permanence tentée, quand notre vie n'est qu'épreuve sur épreuve, quand on traverse des situations délicates et douloureuses, quand notre vie personnelle est riche en invitations, quand on a peur de l'échec et quand notre état émotionnel est à fleur de peau… Comment ne plus jamais se sentir démotivée ?

J'AI PLUS ENVIE !

La démotivation est une plaie dans un parcours d'amaigrissement et pas que… Quand elle vous gagne, le dossier minceur qui était prioritaire dégringole en bas de la pile. Et vous perdez le cap. Au quotidien, plus rien ne va, vous n'arrivez à rien.

Il se peut qu'à certains moments vous ressentiez un sursaut de motivation qui vous permet d'agir ponctuellement, mais au bout d'une minute, d'une heure, d'une journée, même les plus vaillantes s'écroulent tel un soufflet qui sort du four. Vous tentez même le *bye bye* sucre pour débrancher la pompe à insuline, l'amie des bourrelets indésirables, mais malheureusement zéro persévérance.

Le constat est clair : « J'ai plus envie ; mon corps aimerait perdre du poids, mais ma tête n'a plus la foi ! » Vous n'y croyez plus, vous voudriez bien, mais ça vous coûte… Ce conflit intérieur est source d'énervement, de dévalorisation, de détestation, de colère, de rage parfois, de culpabilité et de peur qui génèrent la fuite et l'immobilisme.

« UNE CHOSE EST CERTAINE : SAVOIR CE QUE VOUS DEVEZ FAIRE NE SUFFIT PAS. AGIR EST LA CLÉ DE VOTRE RÉUSSITE. »

À SAVOIR

La démotivation peut aller jusqu'au marasme. Une envie de ne rien faire, de vous mettre en boule, vous vous sentez fatiguée, épuisée, en manque d'énergie. Peut-être cette sensation a-t-elle un lien avec une petite déprime passagère, d'où l'importance de consulter. Votre médecin sera un bon guide pour faire la différence entre une démotivation ou un moment de déprime. Il est bien entendu que je n'aborde pas la dépression qui est un domaine dans lequel je ne suis pas compétente.

Moi, je vous parle de la démotivation, le « j'en ai marre de ne pas y arriver, de ne pas pouvoir m'y mettre, de ne pas obtenir les résultats que j'attends, de ne pas trouver le moteur qui me permettrait d'avancer vers mon objectif. Ma seule envie est de rester dans mon canapé en espérant un miracle ou qu'une énergie venue d'ailleurs me bouscule et me mette en action. » Mais ça, ce n'est pas possible les amies !

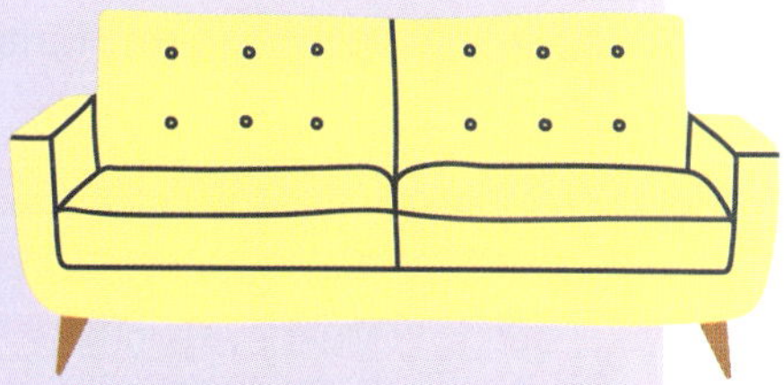

LE CERVEAU SUR LA DÉFENSIVE

Pourquoi je vous parle de démotivation plutôt que de motivation pour perdre du poids ? Car elle est tenace, la bougresse, un vrai boulet. Tel un moustique qui rôde et tourne en rond en attendant de vous piquer. Installée dans votre esprit sous forme de pensées automatiques négatives, rien ne l'arrête. Votre cerveau est en mode alerte. Il vous raconte une histoire, fondée sur des hypothèses, afin d'argumenter en faveur de l'abandon. **Votre cerveau veut que vous jetiez l'éponge et que vous cessiez de vous torturer, de vous malmener…**

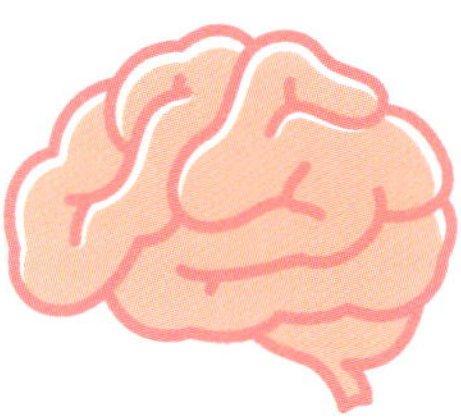

En fait, il veut vous protéger car il sait que cela vous demande des efforts et ne vous apporte pas toujours du plaisir, et qu'auparavant vous en avez souffert : déception en vous pesant, supplice à limiter les quantités, à vous forcer à cuisiner, à manger équilibré, à organiser et à anticiper…

Perdre du poids implique de s'investir, de raisonner, de décider, de chercher des solutions et tout cela fatigue notre cerveau.

ÉCOUTEZ VOTRE ASCENSEUR MOTIVATIONNEL. QUELS SONT VOS FACTEURS DE MOTIVATION, CEUX QUI VOUS ENCOURAGENT, VOUS BOOSTENT, VOUS DONNENT DES AILES... ET QUELS SONT VOS FACTEURS DE DÉMOTIVATION, CEUX QUI FONT QUE VOUS VOUS RACONTEZ DES MENSONGES, QUE VOUS FUSIONNEZ AVEC VOTRE CANAPÉ, CEUX QUI COMME LA FATIGUE VOUS OUVRENT LA BOUCHE POUR MANGER AU LIEU DE DORMIR... ET QUI VOUS INCITENT À FAIRE LE BILAN QUE PERDRE DU POIDS CE N'EST PAS VOTRE TRUC.

Il préfère la routine – rassurante et sans effort.

Qui n'opterait pas pour la facilité et le fun ? Que choisissez-vous entre la pizza toute faite Uber Eat ou les lasagnes chèvre épinards faites maison ? En mode #paresseuse et #démotivée, c'est la pizza ; en revanche, si vous vous sentez pleine d'entrain, vous vous mettrez en cuisine.

En phase de démotivation, notre discours est orienté vers « je perds du temps », « je rate l'occasion de me faire plaisir », « je reporte à plus tard », « j'ai plus envie ». Il s'agit de modifier votre angle de vue en songeant à cette phrase clé :

« Qu'est-ce que tu gagnes à retrouver ton envie, à reprendre la main, à faire des choix... »

DONNEZ DU SENS À VOTRE PROJET

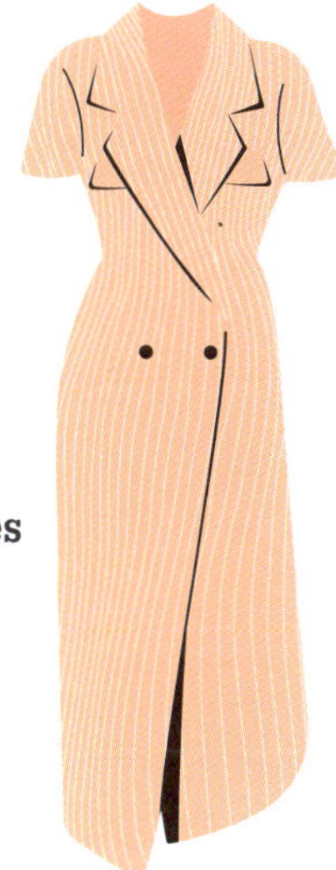

J'ai remarqué que les personnes que je coache sont très motivées lorsqu'elles me consultent, avec des attentes de résultats impressionnants. Ma première action est de les encourager à sortir du réflexe chiffré de la balance.

La motivation semble être un concept magique qui permet d'atteindre tous les objectifs. Certes, elle est un atout car elle symbolise le moteur à l'action. Mais donner de la valeur et du sens à son projet me semble beaucoup plus intéressant pour tenir sur le long terme.

POUR QUOI ?

Il est donc essentiel pour garantir la puissance de votre motivation d'orienter le focus sur votre « pour quoi ? », en deux mots : quelle est la raison, quel est le sens, quelle est la valeur que vous donnez au fait de vouloir devenir plus mince ? Que gagnez-vous à reprendre le pouvoir sur vos choix ?

De bonnes raisons !

À la clé de votre quête de perte de poids, vous imaginez :

- un bien-être physique,
- une silhouette plus fine,
- le plaisir de bouger plus facilement,
- un corps soulagé des kilos superflus,
- une féminité retrouvée,
- un boost d'énergie, de dynamisme,
- une charge mentale apaisée (qu'est-ce qu'on ressasse !)

Seriez-vous intéressée ?

La motivation, c'est de l'énergie et ce sont des choix et des décisions orientées vers un but ultime, votre « pour quoi » ?

Cherchez en vous LA vraie raison pour laquelle vous souhaitez mettre en œuvre des actions spécifiques afin d'obtenir ce que vous voulez. Notez qu'en langage des oiseaux, la motivation signifie le « motif à l'action » !

➡ *Notez 5 raisons pour lesquelles retrouver une silhouette bien-être est important pour vous :*

1. ....

2. ....

3. ....

4. ....

5. ....

GAGNER VS PERDRE

Personne ne tient sur la durée avec en tête une petite musique de fond qui lui dit « perds du poids, perds du poids »... Qui a envie de mettre en place de nouvelles habitudes pour « perdre », qui aime « perdre » ? Quand on est séparé de quelque chose, on éprouve sans cesse le besoin de le retrouver et on recherche constamment l'objet perdu.

En revanche, changer de comportement, d'état d'esprit, de vision pour retrouver de l'autonomie, de la confiance en soi, se sentir plus à l'aise, apprécier sa nouvelle image, se sentir à sa place, mieux bouger, marcher, se retrouver, commencer à s'aimer, remettre ses vêtements stockés dans les cartons... : cela donne de la force, de l'engouement, de la valeur à son projet.

Devant chaque choix, **si je me dis « prends la décision qui te fera maigrir », je ressens immédiatement un rejet, je n'ai pas envie**. **Mais si je me dis « prends la décision qui t'apportera à l'avenir plus de confiance, qui valorisera qui tu es au fond de toi, qui mettra en avant tes ressources, ta force intérieure et une belle image de toi », alors là, j'ai trop envie et ça me motive vraiment !**

MON ASTUCE

Collez chez vous une photo inspirante qui vous donne envie de tenir, de garder le cap et de vous souvenir de votre « pour quoi ? ». Cela peut être les paroles d'une chanson, un lieu, une photo de vous, un vêtement, un projet...

STOP AUX INJONCTIONS !

Les messages nous interdisant de manger certains aliments comme le riz soufflé, les desserts lactés ou les plats préparés peuvent être épuisants. Car qui n'a jamais apprécié un bon plat Picard lors d'une soirée de flemme ? Un gratin dauphinois ou une cuisse de canard confite, ça arrive, et tout va bien.

Plutôt que de bannir tous les aliments que l'on adore pour soi-disant maigrir et vivre en bonne santé, pourquoi ne pas adopter une approche plus positive ? Même si les conseils peuvent être bien intentionnés, ils appuient souvent sur notre difficulté à suivre ce qui serait bon pour nous. On se sent alors fautive, incapable ou coupable de ne pas faire ce qu'il faudrait.

Ne préféreriez-vous pas que l'on vous laisse tranquille ? Au lieu d'être bombardée d'injonctions démotivantes, écoutez plutôt votre corps. Offrez-vous de la variété et des alternatives sympathiques qui, en plus, apporteront du plaisir. Si vous avez envie de manger une bonne glace à l'italienne, faites-le sans culpabiliser. Souvenez-vous que tout est rattrapable et peut être équilibré sur la semaine, voire sur le mois.

UNE APPROCHE SYMPATHIQUE DE VOTRE ASSIETTE

Vous détestez compter les calories ? Pas de souci. Toutefois, même si les calories ne sont pas parole divine, cela peut être utile au début pour prendre conscience de vos excès et répartir les nutriments de façon adaptée. Il existe de nombreuses applications pour vous aider dans cette démarche.

Ne supprimez pas totalement le sucre, mais essayez d'intégrer le moins de sucre raffiné possible. Ne bannissez pas la charcuterie, mais veillez à consommer de la charcuterie de qualité de manière raisonnée. Comme vous, je n'ai pas envie d'arrêter le fromage pour espérer maigrir. Je préfère savourer mes fromages préférés et créer des souvenirs avec les desserts.

Tout le monde sait que l'alcool n'est pas bon pour la santé, mais il est compréhensible de vouloir continuer à partager des moments conviviaux avec ses amis ou sa famille. La seule règle : ne pas s'hydrater avec de l'alcool. Une petite astuce : un verre de vin entrecoupé de deux verres d'eau.

Des exemples d'injonctions... à dégommer !

Quand on cherche à mincir, on a notre lot de mises en demeure et d'ultimatums alimentaires. Voici quelques exemples décryptés.

- **« Je ne dois surtout pas manger de sucreries pour maigrir. » :** Les personnes que j'accompagne mangent de tout, mais elles s'écoutent pour plus de liberté dans leurs choix.

« C'EST LA DOSE
QUI FAIT
LE POISON. »
PARACELSE

- **« Il ne faut pas manger trop gras. » :** Ben voyons ! Sachez que le gras est, entre autres, un transporteur d'hormones et de vitamines. Alors le gras, c'est bon, mais choisissez-le de bonne qualité.
- **« Je dois faire attention... » :** Vous faites attention en traversant la route, en marchant sur un chemin verglacé, en allumant le gaz... En revanche, vous portez votre attention sur votre assiette.
- **« J'aurais dû arrêter les fruits. » :** Veillez plutôt à la quantité car oui, 2 melons + 3 kiwis + 1 pomme + 4 petites poires + 3 compotes pourraient éventuellement être un peu trop. Les fruits sont riches en antioxydants, en vitamines, en eau, en fibres, et en sucre aussi, mais ils sont tellement bons et intéressants.
- **« Il faut manger des produits sains pour maigrir. » :** Ce n'est pas le côté sain qui fait perdre du poids, mais le déficit que vous créez sur la semaine qui vous permettra de mincir et de vous débarrasser de vos kilos superflus.

- **« Il faut équilibrer tous les jours son alimentation. » :** Vous ne serez jamais en carence parce que vous n'avez pas, à titre exceptionnel, consommé tel ou tel macronutriment. Tout va bien, l'organisme va surmonter cette journée. En revanche, sur un plus long terme, des carences apparaîtront.
- **« Je dois cuisiner pour tenir sur la durée. » :** C'est sûrement plus sympa. Néanmoins l'une de mes clientes a perdu 9 kg sans jamais cuisiner.
- **« Il faut faire 3 repas par jour. » :** Même 4 repas peuvent être efficaces ! Il n'y a pas de règle ; la règle, c'est vous… Qu'est-ce qui vous convient pour durer ?
- **« Je dois arrêter de… » :** N'arrêtez rien, ajoutez plus de fibres, de protéines, de lipides, d'eau, de recul sur les situations, de prise de conscience, d'apaisement, de mouvement, de féculents, de plaisir, de sécurité, de choix, d'envies, de lenteur, de temps…

Des exemples d'autosuggestions sensées

Et si nous transformions nos injonctions stressantes par des suggestions pleines de bon sens pour alimenter notre bien-être global ? Du genre switcher du « fais gaffe » à « relax, t'as vécu pire et t'es encore là ! »

- Manger ce que j'aime est une belle aventure.
- Imagine que tu réussisses maintenant, la classe, non ?!

- J'ai la volonté de continuer.
- Je veux maintenir mon cap sans prise de tête #coolattitude.
- Ce que je fais me rend fière et ce que je ne fais pas tout autant.
- Je prends des décisions qui impactent ma vie de façon positive.
- Face aux défis, je reste fidèle à qui je suis vraiment.
- Je reconnais les moments désagréables, les épreuves et je les accepte sans les dramatiser.
- Je reste factuelle pour mon bien-être global.
- Je mets la focale sur ce qui m'aide et me fait évoluer dans la direction qui me tient à cœur.
- Je suis mon unique référence, aucun besoin de me comparer.
- Je sais réussir, je l'ai déjà prouvé dans d'autres domaines de vie #jailagagneenmoi.

REPRENEZ LE POUVOIR !

Parfois, vous vous dites « maigrir, ce n'est pas mon truc ! ». Je pense que ce n'est le truc de personne. Malgré tout, certains essaient, continuent, résistent, osent changer, se challengent pour réussir, testent des nouveautés et s'accrochent. Se convaincre que la crise va passer sans rien faire – je peux le comprendre – c'est tentant, mais cela ne fonctionne pas.

C'est le moment de vous répéter cette phrase : c'est moi qui décide de la vie que je mène !

➡ *Votre envie de manger est-elle plus forte que votre envie de vous habiller, de vous affiner, de changer, d'être enfin vous-même, d'apprendre à vous aimer, de vous estimer, de reprendre confiance, de gagner en liberté, en autonomie, de bouger, de vous retrouver… Qu'ajouteriez-vous ?*

....

....

....

....

....

....

Faut-il alors rester sur le canapé ? Faut-il changer de position ? D'environnement ? C'est peut-être le moment d'aller faire vos courses plutôt que de ruminer !

Il est temps de sortir de chez vous, d'éteindre la télé, de fermer ce placard à gâteaux, de ranger la bouteille de vin, de faire des choix cohérents pour devenir une femme alignée qui fait ce qu'elle veut et fait ce qu'elle dit.

C'EST MAINTENANT !

À partir de maintenant, vous allez commencer à vous prendre en main. Actez cette date en la notant sur un carnet (voir mon carnet Résilience Minceur, page 182) ou en la placardant chez vous. Personnellement, j'aime l'idée de la feuille A4 sur le frigo.

Écrivez : **Aujourd'hui le .../.../..., je m'engage au changement car je le mérite et c'est moi qui décide. Je reprends la main sur ma vie, sur mon corps, sur mes comportements... Je décide d'agir avec cohérence.**

Et s'il m'arrive d'oublier, je me remémore ce mantra : qu'est-ce que je gagne à faire des choix ?

LES ALIBIS AUX OUBLIETTES

Nous avons dans notre cerveau une liste impressionnante d'alibis pour ne pas faire, ni se sentir, ni être, ni dire, ni vivre... D'ailleurs je suis toujours étonnée de cette faculté que nous avons à en inventer et à en avoir en stock pour toutes les situations que nous traversons !

Notre cerveau est une machine à penser... pour entretenir la démotivation. **Troquons la liste des alibis pour une liste de solutions. Les alibis ne permettent pas d'avancer, les solutions, si.** Alors ne cherchez plus des excuses, trouvez des solutions !

Pour cela, un entraînement intensif est bien utile. Choisissez l'action plutôt que la passivité. Posez vous tranquillement et commencez à lister du concret, des petites choses faciles, des envies de changement, ce qui vous ferait plaisir, kiffer. Mettez-vous des défis accessibles afin de les atteindre et de vous rendre compte que ça booste à fond. C'est une belle technique pour retrouver de la motivation.

L'EXO

Lisez ci-dessus ce texte à haute voix : « Aujourd'hui le .../.../..., je m'engage au changement... ». Répétez-le 3 fois, voire plus si besoin, entraînez-vous. C'est le temps nécessaire à votre cerveau pour assimiler : la première fois, il prend note ; la deuxième fois, il comprend le message ; et la troisième, il assimile la consigne et vous permet de progresser. Sentez l'énergie incroyable qu'il vous apporte. On se sent comme une warrior, une combattante prête à relever tous les défis.... Et 1 et 2 et 3, il faut bien ça. Une vague de volonté et de motivation remplit votre corps et votre esprit. Profitez-en, c'est cadeau.

MON ASTUCE

Fabriquez-vous un patch de confiance pour reprendre le pouvoir sur les kilos résistants.

Prenez un pansement standard, qui sert d'ordinaire à protéger une plaie et à améliorer la cicatrisation. Notez-y le message : « **j'ai le pouvoir** » et collez-le sur le haut de la cuisse, à un endroit peu sensible. Si vous êtes allergique, collez-le dans votre agenda, au dos de votre téléphone portable, sur votre bureau… L'important est de le voir régulièrement ou de le sentir sous la jupe ou le pantalon.

Dès qu'une occasion se présente où il vous faudra mobiliser vos ressources pour assurer votre objectif, il vous suffira de poser votre main dessus et de laisser la magie opérer grâce à la force du mental.

Enfin, je me dis souvent quand j'ai la sensation de ne pas pouvoir y arriver :

« Et si tu réussissais, comment tu t'y prendrais ? Cherche bien…»

Ce raisonnement change la donne et me force à trouver naturellement des solutions positives auxquelles je n'aurais pas pensé avant. Notre pire ennemi est de rester focus sur ce qui ne va pas, cela renforce l'idée que l'on n'y arrivera pas !

CHAQUE MATIN EST UNE NOUVELLE POSSIBILITÉ DE DEVENIR UNE VERSION ENCORE MEILLEURE DE VOUS-MÊME. NE LAISSEZ PAS HIER PESER SUR VOTRE AUJOURD'HUI. RÉVEILLEZ-VOUS AVEC L'INTENTION NON SEULEMENT DE PASSER UNE BONNE JOURNÉE, MAIS AUSSI DE FAIRE DE CETTE JOURNÉE UNE PIERRE DE PLUS VERS VOTRE MEILLEUR « VOUS ». ALLEZ, ON SE LÈVE AVEC LE SOURIRE ! #MOTIVATIONDUMATIN

UN PEU D'AIDE, *SVP !*

Le constat est simple : si aujourd'hui vous n'avez pas atteint vos objectifs de façon pérenne, peut-être avez-vous besoin de soutien et d'accompagnement ? Je comprends totalement ce besoin d'encadrement pour traverser les hauts et les bas d'un parcours minceur. En outre, si vos hormones, la vie chaotique du quotidien, les émotions désagréables, les pensées négatives, etc. s'en mêlent, alors là, c'est le grand huit sans ceinture !

N'hésitez pas à demander de l'aide. Entourez-vous de personnes qui vous comprennent et qui peuvent vous soutenir avec bienveillance, tout en gardant un œil objectif sur vos difficultés du quotidien.

Nous sommes des athlètes de la perte de poids. Tout comme les sportifs en quête de médailles, qui affrontent leurs peurs, s'entraînent comme des fous, répètent mille fois les mêmes gestes et qui ont un préparateur mental pour ne pas perdre le cap. Que vous optiez pour un(e) professionnel(le) de santé, un(e) coach motivant(e) ou même une méthode alternative un peu décalée... vous obtiendrez un coup de pouce motivant, votre meilleur allié pour réussir.

LE BON FEELING

Vous pouvez choisir un(e) diététicien(ne), un(e) nutritionniste, votre généraliste, un(e) spécialiste, un(e) psychothérapeute, un(e) coach expérimenté(e), avec qui le feeling passe bien. En effet, vous pouvez avoir en

« QU'IL PROVIENNE D'UN(E) PROFESSIONNEL(E) DE LA SANTÉ OU DE VOS PROCHES, LE SOUTIEN PEUT FAIRE TOUTE LA DIFFÉRENCE DANS VOTRE PARCOURS DE PERTE DE POIDS. »

face de vous la personne la plus compétente du monde, si vous n'accrochez pas, le chemin risque de se compliquer et vous risquez de traîner des pieds sur ce parcours perte de poids.

Choisissez donc celle ou celui avec qui ça matche. La personne qui vous convient est sans doute celle avec qui vous serez en confiance. Chaque professionnel(le) de santé a un profil bien particulier. Tous ne sont pas empathiques, chaleureux, à votre écoute, mais ils peuvent être très efficaces et orientés sur le résultat. Certaines d'entre vous apprécieront sûrement ce profil plus analytique.

Moi j'aime bien les personnes qui me ressemblent avec une sensibilité dans le rapport humain. Celles qui prennent de mes nouvelles, qui m'écoutent, qui portent leur attention sur mes problématiques et qui m'aident à les résoudre. Qui me considèrent, sans me materner. Mais ce n'est pas toujours le cas. Dernièrement je suis allée voir un médecin pour une coloscopie. Je ne peux pas dire que « le Monsieur » était hyper avenant et souriant ! En revanche, il a fait le taf et c'est ce qui compte. D'ailleurs, je ne suis pas venue le voir pour m'en faire un ami !

➡ *Quels sont vos critères pour choisir la bonne personne qui s'occupera de vous dans votre parcours minceur ?*
- Celle qui est au taquet avec les nouvelles découvertes scientifiques.
- Celle qui a de l'expérience.
- Celle qui est à votre écoute.
- Celle qui est passée par là, il y en a.
- Celle qui vous est recommandée.
- Celle qui est sympa.
- Celle qui fonctionne comme vous.
- Celle qui ne vous fait pas attendre.
- Celle qui est douce et qui vous comprend vraiment.
- Celle qui vous explique bien.

- ....
- ....
- ....

Bref, choisissez la personne qui saura vous amener au bout du chemin, sans crainte, sans jugement ; celle qui vous donnera une direction afin de vous rendre autonome, de vous responsabiliser et de vous aider à vous libérer du rapport négatif que vous entretenez parfois avec la nourriture.

COMMENT GÉRER LES DÉFIS *DU QUOTIDIEN ?*

Il est essentiel de prendre conscience que votre environnement joue un rôle clé dans votre parcours minceur. Il peut vous tirer vers votre objectif ou au contraire vous placer dans une forme d'immobilisme. Et rien de pire qu'un environnement qui vous freine pour dégommer les kilos ! Je vous invite donc à étudier si des éléments extérieurs risquent de vous empêcher de réussir votre projet. Voici quelques obstacles courants dans notre quotidien qui sont susceptibles de nous ralentir…

LES DOMMAGES COLLATÉRAUX DU TÉLÉTRAVAIL

Depuis la pandémie de la Covid-19, le télétravail est devenu la nouvelle norme. Et moi, en tant que coach, je suis la première à en profiter. Imaginez un peu : j'accompagne des femmes aux quatre coins du globe sans même bouger de mon salon !

Le télétravail représente un gain de temps incroyable. Plus besoin de se presser pour prendre le bus ou le métro, on dort davantage, on économise sur les transports et on profite de tout le confort de la maison. Mais voilà, il y a un hic. Un gros hic.

Vous voyez cette chaise de bureau ? Eh bien, elle est devenue notre meilleure amie. On y passe des heures et des heures, accumulant au grand maximum 154 pas par jour si on a la chance de vivre dans un appart de 70 m². Autant dire que l'on ne va pas décrocher un record de marathonienne avec ça ! (J'ai évoqué, dans la perspective des petits pas, p. 18, que c'était déjà un début de prendre conscience de ces quelques pas effectués.) Mes clientes me disent : « On prend du poids ! » Eh oui, entre 5 et 10 kilos en moyenne par an. Quand on navigue du bureau à la cuisine, c'est sûr que notre activité physique n'est pas au top…

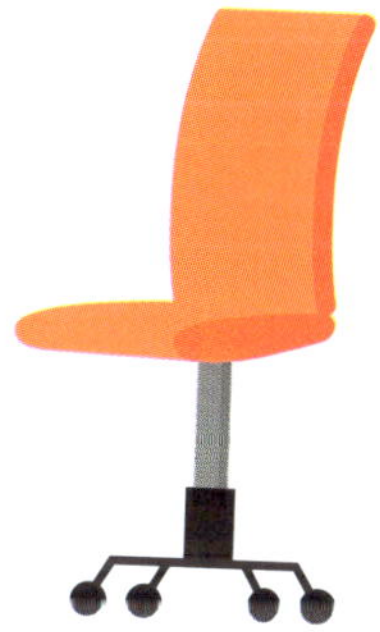

LES FILLES, IL FAUT BIEN COMPRENDRE : SI VOUS METTEZ LE PLEIN D'ESSENCE DANS VOTRE VOITURE ET QUE VOUS LA LAISSEZ DANS VOTRE GARAGE, VOUS N'AUREZ PAS BESOIN DE REFAIRE LE PLEIN AVANT UN BON MOMENT. C'EST PAREIL POUR VOTRE CORPS. SI VOUS NE BOUGEZ PAS, IL FAUT ADAPTER VOTRE CONSOMMATION ÉNERGÉTIQUE. AJUSTER VOTRE APPORT CALORIQUE À VOTRE DÉPENSE PHYSIQUE EST LA CLÉ POUR ÉVITER DE TRANSFORMER VOTRE CHAISE DE BUREAU EN FABRIQUE À GRAS !

ON TRINQUE ?

Vous êtes toujours au taquet pour partager des moments agréables avec vos amis où les excès alimentaires, la consommation de boissons alcoolisées, les envies de sucré, de gras sont au rendez-vous ? Mais vous souhaitez réussir votre parcours ? Qu'avez-vous à gagner à intégrer un peu de raison et de maîtrise pour éviter la spirale des excès ? Personne ne vous en voudra de vous recentrer sur ce qui a de l'importance pour vous. Vous pouvez par exemple profiter d'un festival pendant trois jours sans boire un verre toutes les heures !

Lorsque vous êtes invitée à un repas familial, vous avez envie de profiter de la convivialité et de la joie de ce moment. La seule chose à rechercher est de prolonger le plaisir. Mangez doucement, mastiquez vos bouchées et observez les personnes que vous aimez. Quelle chance de les avoir près de vous !

MON ASTUCE

Lors d'un repas convivial, si vous sentez que vous n'avez plus de place, plus faim, alors dites les choses : « C'était trop bon, je me suis régalée. Je n'ai simplement plus faim. » Pour vous faciliter la tâche, laissez la valeur d'une cuillère à soupe dans votre assiette. Le message envoyé est « je n'en peux plus, regarde, je n'ai même pas pu finir mon assiette, je suis nourrie ».

L'ENFER, C'EST LES AUTRES !

La clé d'une réussite minceur est de s'affirmer et de dire ce que vous voulez ou pas.

Osez imposer une limite aux comportements des autres. Si on vous propose de vous resservir, à vous de décider si vous en voulez encore ou pas. Avez-vous encore de la place ou pas ? Ce supplément vous fait-il plaisir ou pas ? Si oui, OK.

Pour quelle raison faudrait-il toujours refuser ? Dans l'idée de maigrir ? Je déteste ça. Se créer un bon souvenir en partageant un repas familial ou amical est hyper important. En revanche, attaquer un bout de tarte en trois minutes chrono est un comportement d'urgence qu'il est intéressant de limiter.

Choisissez-vous face à l'insistance des autres. Quand je dis non aux autres, je me dis oui à moi. Ne laissez personne vous empêcher de réussir. **Grossir à cause des autres est impensable.**

Les situations galère

Dites stop aux situations qui sont un frein à votre objectif, par exemple :

- Quand les enfants laissent traîner de la nourriture.
- Quand votre chéri(e) vous régale tous les soirs avec une pâtisserie parce qu'il (ou elle) passe devant la boulangerie en rentrant.
- Quand votre maman vous gave de nourriture avec l'intention de vous faire plaisir, de vous requinquer.
- Quand votre collègue vous propose des sucreries tout au long de la journée.

À LA CANTINE

Vous êtes embarquée pour un repas programmé où l'objectif est de faire une pause. Pourtant, dans un réfectoire, les conditions s'avèrent parfois plutôt désagréables au lieu d'être apaisantes. Le repas se transforme souvent en urgence – mon temps est compté et j'ai encore plein de boulot.

Vous tentez de déstresser dans un environnement bruyant où l'on a tendance à parler de boulot ou de problèmes divers. Du coup, ce n'est pas vraiment une pause, et votre stress n'a pas le temps de redescendre.

Essayez d'organiser votre repas avec l'intention de trouver de l'énergie, de vous faire plaisir, de faire des choix qui vous permettent de garder le cap sur celle que vous voulez devenir.

Ne jugez pas votre plateau ; en revanche, soyez fière des décisions que vous avez prises lors de sa composition. Quel choix va me porter vers le succès ? Avec vos collègues, ne rentrez pas dans la spirale de l'amnésie.

GARE AUX TENTATIONS *DES VACANCES !*

Comment rester motivée à l'arrivée des vacances ? Pas facile de garder le cap sur vos objectifs quand les tentations sont partout ! Qui ne s'est jamais laissé tenter par le rayon chips des stations-service lors d'un grand départ ? N'avez-vous pas remarqué qu'il y a toujours le dernier paquet de chips tendance que vous n'aviez même pas vu dans votre supermarché ? N'avez-vous jamais jeté un œil sur le bac à glace où vous avez découvert la formidable nouveauté de votre glacier préféré, que vous ne pouviez pas ne pas goûter ?

Ça déborde de tentations et vous, dans tout ça, vous devez rester motivée. Vous vous dites « je dois tenir bon » jusqu'au moment fatidique où une petite faiblesse, celle que l'on appelle la gourmandise, vous envahit.

Je suis certaine que vous aviez de bonnes résolutions avant de partir : il faut que je fasse du sport, que je me détende, que je lâche prise, que je fuie le stress, que je mincisse, que je mange sainement, que je lise, que je profite de la nature, etc. Finalement, que reste-t-il ? On paresse sur la serviette de bain ou la chaise longue. On commence toujours par le plus facile... On déguste les spécialités culinaires et on se fait des petits restaurants sympas. Et vous avez bien raison, je fais exactement pareil.

COMMENT S'EN SORTIR ?!

En vacances, on manque de repères, l'environnement change, les tentations sont permanentes, la convivialité pousse au crime. Nombreux sont les moments où l'on ne maîtrise plus du tout la situation. Il existe pourtant des ruses qui peuvent s'avérer bien efficaces :

➡ **Transformez les « il faut que », « je dois » en « je décide de », « je fais le choix de », « je m'offre de ».** Cela change tout, la contrainte devient un cadeau pour soi ! Je vous invite à tester ces phrases ; elles prennent tout leur sens quand on les applique.

Ainsi, à la prochaine station-service, je choisis de me diriger vers les bouteilles d'eau et les fruits afin de prendre soin de moi dès le début des vacances et de ne pas enclencher dans ma tête l'effet roue libre et open bar.

➡ *C'est à vous, listez de petites choses faciles que vous aimeriez mettre en place pour vous faire plaisir et prendre soin de vous pendant les vacances :*

....

....

....

....

....

....

....

....

« MODIFIER UN ENVIRONNEMENT DE TENTATIONS NE REVIENT PAS À SUPPRIMER LES TENTATIONS. EN REVANCHE, AMÉLIORER, ORGANISER ET REPROGRAMMER ME SEMBLE ÊTRE UNE BONNE STRATÉGIE. »

➡ **Imaginez que je vous propose un deal** : Si vous choisissez de garder le cap pendant vos vacances, de maintenir un certain équilibre (profiter sans abuser) et que vous réussissez à déjouer les pièges du quotidien, je vous offre une belle maison, la voiture de vos rêves, un tour du monde avec un bonus argent de poche. Aurez-vous la même approche lors de vos vacances ? Entre nous, perso, je trouve illico en moi les ressources nécessaires pour réussir ce deal ! Vous voyez que c'est possible ? Et pourtant vous êtes la même qu'avant, vous n'avez pas subi de lavage de cerveau ni de traitement spécial : vous avez tout simplement retrouvé de la motivation.

CHANGEZ DE DISCOURS !

Je déteste cette phrase automatique : « Il faut que je fasse attention. » Attention à quoi ???!!! Nous faisons attention en traversant la route pour éviter d'être percutés par une voiture ; nous faisons attention à l'électricité avec les mains mouillées pour éviter l'électrocution ; nous faisons attention aux flammes pour éviter une brûlure, etc. En revanche, faire attention à l'alimentation qui est un moyen de nous nourrir pour survivre : non, non, non !

Ça ne marche pas comme ça ! Changeons d'état d'esprit et évitons de nous créer des bouffées d'anxiété et de renforcer des troubles de l'alimentation.

Le bon vocabulaire

Corrigez votre langage pour un discours bienveillant et rassurant. Voici quelques exemples de formules à switcher :

- « Je fais attention à » devient « je porte mon attention sur ».
- « Je n'y arrive pas » devient « je fais de mon mieux ».
- « C'est trop compliqué » devient « c'est nouveau ».
- « Mon corps ne veut plus » devient « mon corps a besoin d'une pause ».

Un discours peu approprié nous pousse à manger encore plus, à ne plus savoir ce que l'on a envie de faire, à vivre avec des injonctions qui ne nous correspondent pas, à perdre confiance en nos capacités de mincir, à ne jamais être satisfaite des progrès, à vivre sous l'emprise de peurs irrationnelles, à tourner en rond sans résultat concret… Et surtout on en a ras la casquette de tous ces conseils pour espérer un jour perdre du poids. Je ne veux pas vous donner de conseils, mais plutôt ouvrir des pistes de réflexion. Appréciez les situations sous un autre angle car vous savez ce que vous avez à faire.

ÉVITEZ LES NÉGATIONS

Je vous invite à éviter les tournures négatives avec « ne pas ». En effet, le cerveau ne comprend pas la négation, voire il l'ignore, mais il la visualise, il en retient l'image. En reformulant vos phrases de façon positive et objective, vous pouvez provoquer un changement significatif dans vos comportements et dans votre manière de penser et d'agir.

Voici quelques exemples de tournures négatives à proscrire :

- Ne pense pas à un éclair au chocolat avec un tutu et une couronne ! (Tout le monde l'imagine !)
- Surtout, ne grignote pas.
- Ne mange pas trop. (Rien de tel pour manger encore plus !)
- Tu ne peux pas échouer.

➡ *Vous avez envie de manger ? Faites ce jeu de mots cachés et préparez-vous à découvrir une tempête de mots doux !*[1]

MAIER : ....

STIEME : ....

FCNOINECA : ....

SSNAECUIP : ....

OPVUIOR : ....

IEJO : ....

ÉTACÉNIT : ....

ANSÉVÉPERCRE : ....

TRÉLTSUA : ....

CATNIO : ....

SIDCOÉIN : ....

NREHCOÉCE : ....

BUHONER : ....

ÊBTNIE-RE : ....

EZN : ....

APENSAIMET : ....

ACMLE : ....

URDCOUE : ....

MAIE : ....

NCEBINEILVLAE : ....

ISON : ....

NCOTASCNE : ....

SMCOPSAION : ....

MNDTNERÉITAIO : ....

ENDSICILPI : ....

HCOXI : ....

CDÉIIOSN : ....

MTESP : ....

ÉPRSNCEE : ....

USOIETN : ....

SPOITVITÉI : ....

MSOEMIL : ....

CRÉUTÉROPAIN : ....

URSTSOERCMEEN : ....

LES BONS MOTS QUI RÉCHAUFFENT LE CŒUR ET FONT FUIR LES KILOS

Des mots encourageants et pleins de soutien peuvent réellement transformer notre manière de voir les défis, en particulier durant les périodes de doute liées à la perte de poids. Loin des remontrances telles que « tu pourrais faire mieux, allez, pousse-toi un peu plus », ce dont nous avons réellement besoin, c'est d'entendre des paroles rassurantes qui reconnaissent nos efforts.

Il est parfaitement normal de craquer de temps en temps, de céder à la tentation. Ce qui compte, c'est de se rappeler que l'on fait de son mieux. **« C'est OK de se laisser aller occasionnellement. Tu es sur la bonne voie. Tu as le pouvoir de réussir et j'ai toute confiance en toi. Je sais combien tu t'investis, tu t'impliques. »**

1. Solutions : aimer, estime, confiance, puissance, pouvoir, joie, ténacité, persévérance, résultat, action, décision, cohérence, bonheur, bien-être, zen, apaisement, calme, douceur, amie, bienveillance, soin, constance, compassion, détermination, discipline, choix, décision, temps, présence, soutien, positivité, sommeil, récupération, ressourcement.

COMPRENDRE QUE L'ÉCHEC FAIT PARTIE DU PARCOURS EST FONDAMENTAL. OFFREZ-VOUS LE DROIT DE NE PAS ÊTRE PARFAITE. PARFOIS, LÂCHER PRISE, C'EST AUSSI PROGRESSER. RAPPELEZ-VOUS DE CES MOTS : « TOUT VA POUR LE MIEUX. TU AS DÉJÀ RÉALISÉ DE GRANDS CHANGEMENTS, ADOPTÉ DE NOUVELLES PERSPECTIVES. TA FAÇON D'ABORDER LES OBSTACLES A ÉVOLUÉ. TU PEUX ÊTRE FIÈRE DE TOI. »

Les mots que vous utilisez envers vous-même ont un impact énorme sur votre état d'esprit et votre motivation. Par conséquent, il est important de vous parler avec gentillesse et compassion.

En plus des encouragements, il est également essentiel de célébrer vos petites victoires et progrès, aussi insignifiants qu'ils puissent sembler. Trouvez les mots pour vous féliciter lorsque vous avez fait un choix alimentaire sain ou pratiqué de l'exercice, à chaque action positive ; cela peut être un moyen puissant de renforcer votre confiance et votre détermination.

LE SENS CACHÉ DES MOTS

Connaissez-vous la langue des oiseaux[1] ? Il ne s'agit pas que de la langue des volatiles bavards. C'est aussi un langage fictif secret, un peu comme les messages codés de nos cours de récréation, mais en plus sophistiqué. L'idée est qu'en écoutant les mots (oui, oui, avec vos oreilles, pas avec les yeux !), on peut leur faire avouer des choses jamais imaginées.

Pourquoi s'embêter avec ça ? Pour le plaisir de découvrir que nos bons vieux mots de tous les jours cachent en fait un sens insoupçonné. Que disent-ils sur nous, sur notre chat et sur la tarte aux pommes que nous n'avons jamais osé cuisiner ? C'est le moment de libérer notre esprit, et peut-être finalement de trouver la recette du bonheur.

Des mots en langue des oiseaux

Voici quelques perles de sagesse extraites du dictionnaire farceur de Baudouin Burger. Écoutez la douce mélodie des sons...

- Le passage = le pas sage. J'ose ou pas faire ce pas vers moi ?
- Le bonheur = être à la bonne heure. Ni en retard ni en avance.
- La motivation = le motif à l'action. Le sens que je donne à mes actions.
- L'enfermement = l'enfer me ment. Que me racontent mes pensées inutiles ?
- La maladie = le mal a dit. L'occasion de s'arrêter et de se soigner.
- Persévérez = percez et vous verrez. Une façon de vouloir choper la réussite.
- Se dépenser = ne plus penser. C'est l'art de se vider la tête.
- J'ai tout fait pour toi = j'étouffais pour toi. Je donne tout par amour.
- Guérir = gai-rire. Un bon fou rire pour chasser les microbes.
- Soigner = son soi le nier. Comment se faire du bien en disant non aux autres ?

1. En référence à *La langue des oiseaux – À la recherche du sens perdu des mots*, Baudouin Burger (2010, Louise Courteau).

ET SI VOUS PENSIEZ EN MODE POSITIF ?

Parfois j'ai l'impression que mon cerveau ne cesse d'imiter le glougloutement des dindons en se racontant des films d'horreur ! Ne laissez plus votre esprit vous répéter des histoires négatives ou vous convaincre de pensées permissives (les « pour une fois ») qui vous mènent à l'échec.

OUST LES PENSÉES NÉGATIVES !

Pourquoi n'existe-t-il pas un Tipp-Ex spécial ou une éponge magique ? Vous savez, pour faire disparaître ces petites voix automatiques et pas sympathiques qui disent « je ne peux pas, je n'y arriverai jamais, ce n'est pas pour moi, je suis trop ceci ou trop cela » ou encore « un petit bout et j'arrête, encore un petit verre et demain j'arrête, j'en rajoute parce que j'ai fait du sport »...

Ces réflexions ne sont que des illusions, des pensées inutiles qui alimentent l'autosabotage. Je vous encourage vivement à corriger ces pensées intérieures qui ne cessent de vous retenir.

Donc lorsque votre cerveau vous bombarde de « je suis nulle » ou « je suis bête », arrêtez-vous et demandez-vous : où sont les preuves ? Si la vie vous a malmenée, mettez-y fin. N'acceptez plus ces pensées négatives. Faites-vous aider, car la situation dans laquelle vous êtes n'est pas une fatalité. Vous avez le droit d'être heureuse ; ne laissez ni vos pensées ni votre entourage vous dire le contraire.

LA VIE EN ROSE

Voir la vie en rose n'est pas naturel chez nous. Car nous sommes programmés pour être en alerte grâce à des pensées

MON ASTUCE

Imaginez-vous adopter une posture souple : jambes légèrement écartées, genoux pliés, bras écartés et coudes pliés comme un combattant prêt à faire face. Que constatez-vous ? Vous êtes stable, ancrée au sol. Maintenant, tenez-vous droite comme un piquet, jambes serrées et bras rigides tel un soldat au lever du drapeau. Vous serez facilement déstabilisée et perdrez l'équilibre face aux épreuves.

Le message est clair : vouloir tout contrôler épuise et rend vulnérable. Accueillez la flexibilité et la résilience pour mieux affronter les défis de la vie.

négatives afin d'éviter les dangers. Quelque 6 200 pensées[1] traversent notre esprit chaque jour dont 80 % sont orientées négativement. Mais sachez qu'il a été démontré qu'une pensée négative peut être annulée par cinq pensées positives ou utiles[2].

Quoi qu'il en soit, apporter une note de rose à notre quotidien en misant sur les bons moments, les sourires, les bonnes nouvelles, les choses positives, nos réussites, nos fiertés, nos atouts, nos talents… cela vaut de l'or ! **N'ayez pas peur de vous reprogrammer et de viser le rose.** Reformulez, recommencez, repensez encore et encore. L'échec, la déception, le moral en berne, les manques, les mauvaises nouvelles sont des expériences à dépasser car les moments difficiles ne sont pas éternels. J'aime l'idée qu'après une tempête, le soleil revient.

Alors cessez de vous diminuer et de vous concentrer sur le pire. Voyez grand, visez le possible et appréciez ce que vous faites de bien. Concentrez-vous sur vos progrès, les améliorations et les petits changements positifs.

1. Tseng, J., Poppenk, J. Brain meta-state transitions demarcate thoughts across task contexts exposing the mental noise of trait neuroticism. *Nat Commun* 11, 3480 (2020). https://doi.org/10.1038/s41467-020-17255-9
2. Selon les travaux de Barbara L. Fredrickson et Marcial F. Losada.

Des pistes pour chasser le négatif

- **Pour contrer 1 jugement négatif, essayez de le remplacer par 5 affirmations positives** comme :
  - Je suis en progrès.
  - Je fais de mon mieux.
  - J'avance à mon rythme.
  - J'apprends toujours.
  - Je vaux un 10/10.
- **Pour arrêter de ressasser**, si vous êtes dans votre lit, levez-vous. Un lit est fait pour dormir et non pour gamberger. Et si c'est en journée, agissez en vous mettant en mouvement avec de la précision et de la conscience. Par exemple, coloriez sans dépasser les lignes, préparez une recette, faites votre comptabilité – radical pour la concentration –, dansez sur une chorégraphie, écrivez un poème....

- **Utiliser le verbe être pour s'insulter ou se dévaloriser n'est jamais une bonne idée**. Un comportement, une attitude ou un mot peuvent être négatifs, mais le « je suis » touche à votre identité, il doit toujours être valorisant. Vous êtes déterminée, honnête, serviable, aimable, joyeuse, créative, intelligente, organisée, performante, bienveillante, à l'écoute... Et même si parfois vous vous mettez en colère, trébuchez ou en voulez au monde entier, cela ne fait pas de vous une personne incapable, mauvaise, insignifiante, sale ou honteuse.
- **Peut-être y a-t-il des neurotransmetteurs ou des hormones qui ne jouent pas bien leur rôle ?** Cela vous est-il déjà arrivé de vous dire « je ne sais pas ce qui m'arrive, je ne me reconnais pas, ce n'est pas moi » ? Vous vous sentez agressive, irritable, prête à exploser au moindre regard ou commentaire ? Faites peut-être un petit check-up santé.

J'ai ressenti cela au début de ma ménopause ; j'étais comme une furie au volant, une balle rebondissante en pleine vrille !

LE TEMPS EST UN ALLIÉ *FORMIDABLE*

Même la plus redoutable des guerrières connaît un moment où elle est à bout de forces. Alors arrêtons de combattre nos kilos en mode gladiateur et adoptons une approche plus zen. Utilisons notre tête, notre corps, nos ressentis, nos sens et, bien sûr, nos papilles gustatives pour accompagner notre amincissement au lieu de lutter constamment contre notre mode de fonctionnement d'origine.

Vous avez un projet d'élimination de kilos en trop ? À combien de mois évaluez-vous votre plan d'action ?

- À 3 mois : premier round et premiers petits pas.
- À 6 mois : on continue la mission, objectif « robe préférée ».
- À 1 an, à 2 ans, à 3 ans, voire plus : pour celles qui veulent voir disparaître 10 kg et plus. L'idee même de faire trembler les kilos tenaces est réjouissante, mais il faut du temps.

RÉDUISEZ LE STRESS

Un membre de ma famille m'a rappelé qu'un an peut sembler long. Cependant, considérons ceci : quand avez-vous arrêté de fumer ? Si cela fait 7 ans et que vous avez pris 17 kg depuis, alors consacrer une année à retrouver votre forme initiale ne semble finalement pas si long.

Il est bien nécessaire de prendre ce temps pour rétablir l'équilibre de votre corps. Qu'en pensez-vous ? Même si le processus de changement d'habitudes et de comportements peut être long, il est indispensable pour une réussite durable.

Ne devenez pas comme les tomates dans le réfrigérateur. Elles stressent dans le froid et perdent leur goût[1]. Lorsque votre stress est important et chronique, votre taux de cortisol présent dans le sang augmente. En grande quantité, il devient un poison dans vos veines. À la longue, vous perdez le goût de tout, vous êtes épuisée et ce cortisol vole votre réussite. Combattez ce stress par plus de calme et de ménagement au quotidien.

1. Comme l'explique l'influenceur @prendsunfruit.

POUR UNE RÉUSSITE DURABLE

Perdre du poids n'est pas une course contre la montre. Il s'agit plutôt de comprendre ce qui vous fait du bien, de répondre à vos besoins et d'accepter de modifier certains paramètres si nécessaire. Rien n'est figé.

Prenez du recul par rapport aux moments où vous avez eu l'impression de ne plus rien maîtriser. Tout va bien, demain est un autre jour pour améliorer la situation, équilibrer votre apport énergétique et reposer votre organisme d'une surcharge alimentaire.

Un pas vers soi ne doit pas être perçu comme un devoir complexe de mathématiques ! Mettre en place des actions concrètes et stratégiques permet d'obtenir ce que vous voulez. Évitez les promesses miraculeuses. Il n'existe aucune méthode magique où l'attente, l'inaction et la prière à l'univers permettraient d'atteindre votre poids de forme. À part dans une seule situation, que je ne vous souhaite pas, la maladie.

« NE CHERCHEZ PAS
À BATTRE DES RECORDS,
CAR CETTE DÉMARCHE
N'EST PAS UTILE POUR
VOUS DÉBARRASSER
DES KILOS INDÉSIRABLES. »

Dans ce parcours minceur, n'oubliez pas de profiter de chaque instant et de transformer votre environnement en source de bien-être. Vous avez le pouvoir de réussir.

Quelques questions à vous poser :

➡ *Quel délai supplémentaire avez-vous prévu pour le jour de votre réussite ?*

....

➡ *Quelle garantie avez-vous de finir dans les délais votre parcours minceur ?*

....

....

....

➡ *Combien de jours comptez-vous ajouter avant de réussir votre parcours minceur ?*

....

➡ *Qu'attendez-vous pour mettre en place les actions nécessaires ?*

....

....

....

➡ *Qu'est-ce qui vous empêche de réussir ?*

....

....

....

C'EST UNE BONNE QUESTION !

Je souhaite partager avec vous les 30 questions ressources qui ont fait avancer les personnes que je coache. Elles vous permettront d'éclairer les situations désagréables que vous vivez lors d'un parcours d'amincissement, de mieux vous comprendre et de prendre conscience de certains points de blocage pour y remédier.

J'ai longtemps cherché « une boîte à outils », des questions magiques et inspirantes qui permettent à l'autre d'avancer vers son évolution, son amélioration et qui l'accompagnent dans son cheminement pour prendre les décisions qui conviennent.

À SAVOIR

L'art du questionnement n'est pas chose facile. Mais un(e) coach qui sait poser les questions qui réveillent, qui font prendre conscience, qui mettent en lumière une problématique récurrente, tout en étant orienté(e) sur les solutions et les actions fait vraiment la différence.

LE MODE D'EMPLOI DES QUESTIONS

Posez-vous certaines de ces questions et répondez-y tranquillement. Sans pression. Il n'y a pas de bonnes ou de mauvaises réponses.

- Dans un premier temps, écoutez SIMPLEMENT votre ressenti et instinctivement posez sur le papier vos réponses.
- Puis, dans un second temps, sortez de vos schémas de pensée habituels en ouvrant un champ des possibles pour une vision différente de la situation.

Mes questions sont là pour vous donner des pistes à titre indicatif. Pas de miracle en vue, mais une réflexion sur les situations que vous vivez. Elles vous permettent d'exprimer en toute confiance ce que vous avez sur le cœur. Elles peuvent être utilisées pour vous aider à trouver VOS solutions, VOS réponses.

N.B. : Ces questions ne remplaceront jamais un suivi avec un(e) professionnel(le) de santé, qu'il(elle) soit thérapeute, psychologue, diététicien(ne), nutritionniste…

Les 30 questions ressources

- **1.** Et si ce que tu penses était faux ? Pourquoi penses-tu cela ? (J'adore cette question !)
- **2.** Comment envisages-tu la suite ?
- **3.** Quelles solutions s'offrent à toi ?
- **4.** Comment te sentirais-tu si ce n'était pas un problème pour toi ?
- **5.** De combien de temps as-tu besoin pour accepter la situation ?
- **6.** Penses-tu que cette situation désagréable est installée pour toujours ?
- **7.** Imaginons que la solution est toute proche, où peux-tu puiser la force nécessaire pour dépasser ça ?
- **8.** Si ce que tu ressens était un cadeau, quel serait ce cadeau ?
- **9.** Quelles activités te permettraient de libérer ta charge mentale ?
- **10.** Comment te vois-tu dans 1 an, 2 ans, 5 ans, si tu continues comme ça ?
- **11.** Quelle force peux-tu mobiliser pour sortir de cette situation ?
- **12.** Qu'est-ce qui t'empêche de réussir ?
- **13.** Comment peux-tu surmonter cette épreuve ?
- **14.** En quoi cette épreuve pourrait-elle t'aider plus tard ?
- **15.** Si tu rembobinais le film, comment pourrais-tu réagir différemment ?
- **16.** Quelle impression as-tu ?
- **17.** Depuis combien de temps vis-tu cela ?
- **18.** Combien de temps accordes-tu encore à cette situation douloureuse ?
- **19.** Que te dit ton intuition ?
- **20.** Qu'est-ce qui te fait à ce point peur ?
- **21.** Qu'est-ce que la situation raconte de toi ?
- **22.** Qu'est-ce que ça réveille en toi ?
- **23.** À quel moment as-tu vécu une situation similaire ?
- **24.** Qui cherches-tu à sauver ?
- **25.** Et toi, à quel moment te sauves-tu ?
- **26.** Quelles sont les petites attentions des autres qui traduisent l'amour qu'ils ont pour toi ?
- **27.** Pourquoi attends-tu le bon moment ? Quel est le bon moment selon toi ? Comment se traduit-il ?
- **28.** Quelles sont les actions qui génèrent le plus de résultats et de fierté chez toi ?
- **29.** Si tu devais en retenir 5, lesquelles choisirais-tu ?
- **30.** Quelles sont les tournures de phrases qui provoquent chez toi de l'auto-sabotage ?

LES 5 LEVIERS DE LA RÉUSSITE

QUAND VOTRE PERTE DE POIDS BAT DE L'AILE

1. IDENTIFIER LE PROBLÈME RÉCURRENT POUR L'AJUSTER

Je grignote, je ne maîtrise pas les sorties, je sors du cadre, je mange trop en quantité, je n'équilibre pas mes repas, je n'apporte pas de variété, je pense bien faire mais je n'y arrive plus, je bois trop d'alcool, je mange trop d'aliments sucrés, je suis désespérée, je craque, je ne bouge pas, je ne mange que des plats industriels, j'aime la friture, je m'hydrate avec des sodas, mais aussi je suis en pleine ménopause, mon corps résiste, je suis dans les aliments « doudou »...

Le plus simple, mais incohérent, serait de dire STOP à ces comportements. Ne sortez plus, mangez de la salade et prenez votre mal en patience ! Mais avec cette obsession de la perte de poids, vous malmenez votre petit cœur et votre cerveau. Ils n'en peuvent plus : « **very bad trip** » ! Or il est difficile de tenir sur la durée quand on est dans le tout ou rien.

Identifier le problème est indispensable afin de chercher des compromis efficaces. Vous voulez sortir, partager l'apéro, garder vos amis, votre famille, consommer des sodas, grignoter, profiter... OK ! En revanche, nous allons mettre en place des pistes d'amélioration pour concilier plaisir et perte de poids. Que gardez-vous ? Les chips, mais en petit paquet. Que choisissez-vous de limiter ? La charcuterie, le fromage, les pâtisseries... Que voulez-vous supprimer et qui ne sera en aucun cas source de frustration ? Les sodas, les bonbons, la confiture...

2. LE RENONCEMENT (LE POUVOIR DU CHOIX)

J'ai dû renoncer à certaines choses au profit d'autres choses que je jugeais plus intéressantes. Par exemple, je ne consomme plus de pâtisseries si elles ne sont pas à mon goût. Je ne mange plus de chocolat le soir vers 21 heures. J'ai arrêté de manger comme une ogresse. Etc. La seule condition est de ne pas avoir de regret et de trouver cela agréable.

3. CROIRE EN SON PROJET ET EN SA RÉUSSITE

Qu'est-ce qui vous permet de garder la foi ? Nous sommes notre pire saboteur, alors ne commencez pas à croire que vous êtes incapable de perdre du poids. Des solutions existent, notamment le levier puissant de la confiance que l'on doit avoir en soi, qui est source de réussite. Ne vous laissez pas embarquer dans le doute. Identifiez vos forces et utilisez-les au service de votre objectif. Ne laissez personne vous dire que vous n'y arriverez pas.

Quand l'impossible devient possible, vous prenez conscience des bienfaits concrets tant au niveau de votre état d'esprit, plus positif, que du plaisir ressenti à vous occuper de vous.

4. DE LA PATIENCE

C'est notre capacité à accepter que le temps soit un allié tout en gardant une attitude gagnante et positive. Souvenez-vous de la dernière fois où votre patience a été gratifiée. La patience est de rigueur, c'est un fait. Rien de durable ne s'est construit en un jour.

Votre nouveau « vous » demande du soin, de l'écoute, du temps, de la douceur... et de la récupération. Vous menez une course de fond avec des temps où la perte de poids est plus rapide. Dans ces moments-là, votre motivation est tout feu tout flamme, vous avancez. En revanche quand le résultat n'est pas à la hauteur de vos attentes, il vous semble que vous perdez du temps. Votre motivation est proche du zéro pointé. Et pourtant, quand votre poids ne bouge plus et qu'aucun gramme ne se fait la malle, les kilos restent en attente. Je me suis toujours dit que j'étais alors « en phase de récupération ». Mon corps reprend des forces pour mieux dégommer les futurs kilos.

Un pas en arrière pour prendre son élan ! YESSS !

J'ouvre mon filtre mental sur du positif et j'accepte ce qui m'arrive avec philosophie. Je valorise ma patience et en fait une force pour avancer.

5. DU SENS

Je ne cesserai jamais de vous aider à trouver le sens que vous devez donner à votre perte de poids. Pourquoi s'acharner à vouloir quelque chose si vous n'y voyez que des désavantages et des inconvénients ? Certes dans la vie nous faisons assez de choses par obligation et devoir, et d'ailleurs cela peut générer un certain mal-être.

Concernant la perte de poids, quels intérêts, quels bénéfices tangibles obtiendrez-vous en menant à bien votre parcours minceur ? Que va-t-il vous apporter ? À quel besoin répondez-vous ? Quelle transformation souhaitez-vous ? Pourquoi changer ?

Donnez-moi votre motif intérieur, celui qui vous donne le feu, celui qui vous invite à mincir. Nos actions sont toujours motivées par un but, une raison.

Les héroïnes
RÉSILIENCE MINCEUR

Coup de projecteur sur les parcours minceur de femmes[1] que j'accompagne. Ce sont des femmes extraordinaires, pleines d'espoir et désireuses d'entreprendre un vrai travail de découverte d'elles-mêmes. Certaines ont atteint leurs objectifs en 3 mois, 6 mois, tandis que d'autres choisissent de continuer leur chemin plus tranquillement vers la réussite.
Je suis extrêmement reconnaissante de leur confiance.
Vous pouvez découvrir d'autres témoignages inspirants sur mes réseaux, comme celui de Mariette (- 20 kg), Catherine (- 12 kg), Florence (- 17 kg) et Emma (- 9 kg).

BLANCHE-NEIGE, 55 ANS,
a réussi à perdre 9 kg en 3 mois et est maintenant en phase de maintien.

J'ai une tendresse particulière pour cette femme sensible, pétillante et déterminée. Depuis son adolescence, Blanche-Neige tentait de mincir. Elle avait essayé de nombreux régimes, mais reprenait systématiquement le poids perdu. Elle entretenait une relation de peur avec la nourriture et ses signaux de faim étaient brouillés. Avec une activité sédentaire de bureau, Blanche-Neige avait besoin de soutien pour retrouver confiance en elle. Elle voulait améliorer son image, se regarder avec bienveillance dans le miroir, se sentir plus libre face à la nourriture. Elle souhaitait sortir de

1. Pour préserver leur anonymat, les noms ont été modifiés.

la peur de l'échec et des interdits liés à l'angoisse de grossir, et enfin se sentir plus féminine.

Tout au long de son parcours, Blanche-Neige recherchait de l'aide, des encouragements, des résultats, des idées de recettes et de l'apaisement.

COMMENT AVONS-NOUS ABORDÉ SON PARCOURS MINCEUR ?

- Nous avons retrouvé le chemin de l'équilibre alimentairc.
- Nous avons augmenté sa consommation de protéines dès le matin.
- Blanche-Neige a appris à se rassurer devant les féculents et à se détacher petit à petit des chiffres.
- Elle a réappris à ressentir et à écouter son corps.
- Nous avons modifié son discours interne de « il faut faire attention » à « je porte mon attention ».
- Elle a appris à mastiquer et à sortir de l'urgence de remplissage alimentaire.
- Elle a mis sa gentillesse, son écoute et sa sensibilité à son service.
- Nous avons retrouvé le chemin du plaisir et de la gourmandise.

LES RÉSULTATS

Blanche-Neige est sortie de sa carapace pour endosser une cape de confiance, se sentant plus tranquille et profitant de moments de sérénité.

Nous avons vécu des séances riches en émotions et je la remercie d'avoir partagé avec moi une partie de son histoire.

Félicitations à Blanche-Neige pour sa persévérance, je suis tellement fière d'elle. Pour toutes les femmes de plus de 40 ans en quête de bien-être, l'histoire de Blanche-Neige est un témoignage inspirant, prouvant qu'il est possible de retrouver confiance en soi et de vivre son amincissement sereinement.

CENDRILLON, 46 ANS,
est parvenue à perdre 8 kg en 6 mois.

Cendrillon est une femme exceptionnelle de détermination et de cœur. Nous méritons tous de rencontrer une personne comme elle dans notre vie. Sa résilience face à toutes les épreuves de la vie est une source d'inspiration.

Cendrillon cherchait :

- Un moyen de sortir de l'échec après de multiples tentatives de perte de poids en solitaire.
- Un cadre de soutien rassurant.
- La compagnie de personnes partageant le même objectif et pouvant alors la comprendre.
- Une envie de réussir avec sérénité, sans la pression du chiffre.
- À retrouver sa mobilité et à sortir du besoin compulsif de se remplir.

Son premier objectif : perdre 10 kg sur les 20 souhaités. Après des dizaines de tentatives infructueuses et des années de frustrations alimentaires, Cendrillon ne se supportait plus. Son corps, soumis à des douleurs vives et à 39 ans de régimes épuisants, avait un besoin urgent de reprise en main.

COMMENT AVONS-NOUS ABORDÉ SON PARCOURS MINCEUR ?

Nous avons commencé par comprendre :

- Sa fatigue et ses baisses de moral.
- L'origine de son stress et pourquoi les repas se transformaient en angoisse.
- Le message derrière ses émotions négatives et les freins à sa constance.
- L'environnement dans lequel elle évoluait.

Nous avons rétabli un rapport bienveillant avec la nourriture, retrouvé de la cohérence dans ses comportements et regagné de l'énergie. Nous avons fui la perte de poids record et les cadres stricts, pour intégrer l'autorisation et retrouver un équilibre juste. Cendrillon a appris à prendre plaisir au quotidien sans culpabilité, donnant ainsi du sens à sa perte de poids. Plus de fun dans l'assiette et prendre soin de soi étaient au programme.

LES RÉSULTATS

Aujourd'hui, Cendrillon est plus sereine et sait ce qui est bon pour elle. Elle fait des choses qu'elle aime, apprend à se retrouver et est reconnectée à ses envies et à ses besoins. Elle savoure ses repas au lieu de simplement remplir son ventre. Elle bouge régulièrement, fait le ménage dans sa vie et pense à elle en priorité. Cendrillon a décidé de se choisir.

Ce chemin est nouveau et bouscule ses habitudes, mais elle est assez puissante pour ne rien lâcher. Même si ce parcours est fait de hauts et de bas, elle est sur la bonne voie et je suis convaincue de son succès futur. Cendrillon est la preuve vivante que la détermination et le soutien peuvent transformer des vies.

S'aimer à nouveau

Et si vous vous pardonniez ces moments où vous avez été emportée dans la nourriture, où la fringale était devenue votre meilleure amie, où vous avez grignoté sans cesse, ces « no limit », ces « j'en veux encore » ?

« Je me pardonne ces comportements car ils font partie de mon histoire. » Cette phrase m'a beaucoup aidée pour prendre soin de moi. Avec elle, la culpabilité s'est apaisée, la colère a fait place au calme, la tristesse a trouvé son réconfort hors de la nourriture et la peur s'est dissipée laissant le courage se déployer.

Et si l'amour que l'on se porte était la solution, le graal pour accéder à la paix de l'esprit torturé par tant d'années de régime et de privation, de détestation de soi, de colère irrationnelle envers ce corps que l'on maudit alors qu'il ne nous a rien fait ?

COMMENT RASSURER *SON CŒUR ET SON CORPS*

Pour laisser partir les kilos en trop, le mot le plus important est de SE RASSURER. Il faut sortir du doute et y croire en se faisant une confiance absolue. C'est un moyen essentiel pour franchir les obstacles avant de devenir la personne que vous voulez être.

Se rassurer apaise, réconforte, détend, vous permet de prendre du recul, de gérer les émotions, cela ralentit le système nerveux qui bouillonne, vous sécurise, vous libère, facilite le chemin vers un corps plus mince, améliore les comportements impulsifs, vous oriente vers la solution plutôt que vers le problème, favorise une meilleure prise de décision, vous sort de l'urgence, du grignotage, de la réactivité...

QUE VEUT DIRE « RASSURER SON CŒUR » ?

Pendant longtemps, j'ai cru que la nourriture réconfortante pourrait m'aider à me sentir plus à l'aise face aux autres. Après tout, manger est un acte convivial. Je pensais que manger ce que l'on veut, quand on le veut et autant qu'on le veut, était un signe de liberté.

Mais en réalité, cela conduit à la tristesse, à l'irritabilité et à un profond mal-être. On ne se sent pas à sa place, on ne se reconnaît pas et on n'aime pas ce que l'on voit dans le miroir. La femme que je voyais ne correspondait pas à celle que j'étais intérieurement. L'image que j'avais de moi dans ma tête était totalement en décalage avec mon physique réel.

L'ANTIDOTE À LA PEUR, N'EST-CE PAS L'AMOUR ? PAR AMOUR, NOUS N'AVONS PEUR DE RIEN. TRAVERSER UN PONT EN SUSPENSION À 500 M DE HAUTEUR ME FAIT TRÈS PEUR... EN REVANCHE, POUR SAUVER MES ENFANTS, JE SUIS PRÊTE À LE TRAVERSER EN PATINS À ROULETTES ! LA FORCE DE L'AMOUR !

Les conséquences de cette situation sont une détestation de soi, une dévalorisation et une dépendance tenace à la nourriture. On se construit alors une carapace pour se protéger et on entretient nos peurs.

Comment apaiser son cœur et s'aimer véritablement ?

Donnez-vous la permission d'ouvrir votre cœur et d'accepter que :

- Vous êtes une belle personne.
- Vous êtes aimée.
- Vous êtes importante.
- Vous méritez votre place.
- Vous savez que vous pouvez faire un premier pas, réussir, surmonter...
- Vous avez déjà réussi différentes choses, pourquoi pas une de plus ?
- Vous êtes « assez » pour montrer de quoi vous êtes capable.
- Vous êtes aussi efficace, persévérante, constante... qu'une autre.
- Vous êtes digne d'intérêt, alors foncez.
- Vous avez les mêmes ressources que la plupart d'entre nous.

C'est le bon moment pour :

- Vous aimer même si tout n'est pas absolument parfait.
- Vous aimer même dans l'échec.
- Vous aimer quoi que vous décidiez de vivre.
- Vous aligner avec ce que vous voulez faire de votre futur.
- Rester à vos côtés.
- Vous aimer pour ce que vous êtes.
- Abandonner toutes ces peurs qui vous paralysent.

Tout est OK, vous savez faire...

- Chantez, dansez, connectez-vous à la nature, serrez-vous dans vos bras...
- Vous n'avez besoin de personne pour respirer, faire battre votre cœur, sourire, apprendre, profiter de chaque moment.
- Portez des couleurs joyeuses et ne vous lâchez pas la main.
- Gardez votre énergie pour vous aimer au lieu de vous juger.

« ASSUMER ET SE RESPONSABILISER, C'EST AUSSI S'AIMER. »

- Restez lucide sur les situations, ne vous mentez pas et ne vous racontez pas des histoires.

QUE VEUT DIRE « RASSURER SA TÊTE » ?

Notre tête, par nos pensées, nous raconte des histoires qui font peur. Et on croit tellement à ces histoires qu'elles mobilisent toute notre énergie et ne laissent plus aucune place à l'action. **Rester dans la peur, c'est activer l'auto-sabotage, l'immobilisme et reprendre du poids de mois en mois.**

Il est donc essentiel de repérer les pensées inutiles qui nous tirent vers le bas et nous empêchent d'avancer.

CHERCHEZ À VOIR LES CHOSES SOUS UN ANGLE DIFFÉRENT. CE N'EST PAS PARCE QUE VOUS N'ARRIVEZ PAS À PERDRE VOS KILOS PONCTUELLEMENT QUE LE PROCESSUS DE LA PERTE DE POIDS N'EST PAS ENGAGÉ. APRÈS UN MARATHON, IL EST BON DE FAIRE UNE PAUSE. CELA NE VEUT PAS DIRE QUE VOUS ARRÊTEZ DÉFINITIVEMENT CETTE ACTIVITÉ.

Comment défier (raisonnablement) sa tête pour mieux avancer ?

Posez une main sur votre cœur, suivez votre respiration et reconnectez-vous à l'amour plutôt qu'à la peur. Et songez à cela :

- Tout va bien, vous allez surmonter ce moment.
- Ayez confiance en votre pouvoir de réussite. Reprenez le pouvoir.
- Faites la rebelle et dès qu'une pensée négative arrive, riez-lui au nez.
- Sortez du film d'horreur que vous vous infligez ; prenez la télécommande de votre télévision intérieure et dites « je zappe ».
- Dessinez votre peur ou vos pensées négatives pour prendre du recul.
- Faites un coloriage, type mandala.
- Menez une action au lieu de ressasser.
- Écrivez ce que vous ruminez. Et posez-vous ces questions :
  - Pourquoi ma tête me raconte-t-elle cela ?
  - Quelle preuve ai-je de ce que j'avance ?
  - Et si ce que je me raconte était faux ? Quelle autre proposition puis-je me faire ?
  - D'où vient ma peur ? Comment puis-je la rassurer ?
  - Quelle ressource personnelle ai-je pour traverser cette épreuve ?
  - Dans quel autre domaine suis-je une warrior ?
  - Où est-ce que je puise mon énergie quand je réussis un objectif ?

QUE VEUT DIRE « RASSURER SON VENTRE » ?

La nourriture consommée avec modération est une précieuse alliée pour notre survie. Aimons-la sous toutes ses formes et ne la transformons pas en ennemie numéro une. **Le chocolat n'est pas un démon, le fromage n'est pas toxique, les pâtisseries ne sont pas des virus, le gras ne bouche pas nos artères et le pain ne fait pas gonfler. Tout va bien !**

Rassurer son ventre, c'est sortir des interdictions et des privations. C'est cesser de penser « je ne peux pas » ou « je ne dois pas » et arrêter de se limiter à des quantités homéopathiques. C'est retrouver le chemin de l'écoute de soi et laisser les hormones effectuer leur travail. Quand la ghréline envoie un message de faim au cerveau, mangez. Et quand la leptine indique que vous êtes rassasiée, arrêtez.

Avoir un ventre rempli d'aliments soi-disant faits pour perdre du poids ne fonctionne pas. Manger un bon couscous ou un bœuf bourguignon embellira votre journée. En revanche, manger trois œufs durs, une pomme et un kilo de fromage blanc peut vite mener à la déprime.

Comment faire plaisir à son ventre ?

- Vous pouvez manger tout ce que vous aimez.
- Prenez le temps de l'écoute.

« UN VENTRE RASSASIÉ DE BONS ET GOURMANDS ALIMENTS EST UN VENTRE HEUREUX. »

- Variez le plus possible les repas pour nourrir l'armée de microbes que contient votre flore intestinale.
- Mangez avec envie et non par obligation.
- Préparez-vous une entrée et un dessert s'il le faut.
- Régalez-vous.
- Ne vous infligez pas une habitude que vous ne garderez pas.
- Veillez à ressentir le rassasiement (un ventre vide crie famine).
- Cessez la privation et la restriction.
- Posez-vous la question « qu'ai-je donc envie de manger ? » et non « que faut-il manger ? ».
- Faites de vos repas une fête et non un supplice.
- Fuyez le mode famine pour des résultats records.
- Répartissez l'apport énergétique sur la journée et créez un mini déficit.
- Apportez les nutriments indispensables à votre organisme. Autrement dit, offrez à votre corps les bases pour lui permettre de fonctionner correctement et laissez-le faire le job !

SUIVEZ *VOTRE INTUITION !*

Dans le grand voyage de la minceur, chaque nouvelle situation peut s'apparenter à un vaste océan que nous devons traverser. Pour avancer sereinement, il est essentiel de nous focaliser sur notre destination, sur ces objectifs qui nous tiennent tant à cœur.

Pour cela, une écoute attentive de notre intuition se révèle être une alliée très précieuse. **Imaginez cette douce voix intérieure comme une brise légère qui vient vous murmurer : « Tu es sur la bonne voie. »** C'est une sensation qui inspire et qui guide, particulièrement dans les moments tumultueux, telle une bouée de sauvetage permettant de reprendre des forces pour attendre les secours.

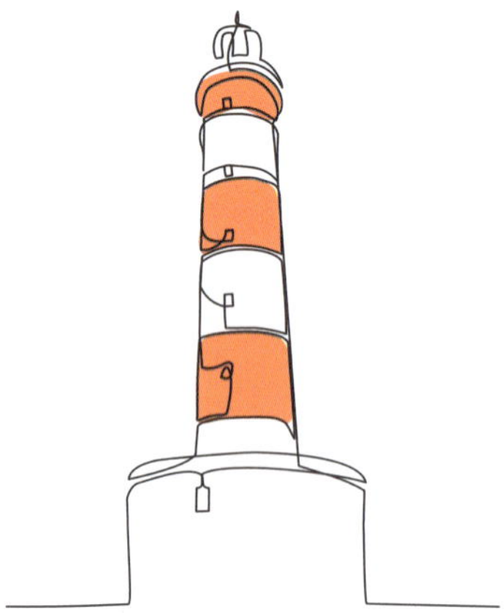

UNE LUEUR DANS LA TEMPÊTE

Maigrir est aussi une forme de résilience et de courage. Le courage de faire un pas vers soi. Comme le légendaire navire, notre motivation peut parfois fléchir sous le poids des vagues. **Mais n'oublions pas que notre intuition, loin d'être un mirage ou un cadeau tombé du ciel, est une boussole interne qui, si nous lui prêtons une oreille attentive, peut nous mener à bon port, malgré les tempêtes.**

Il est vrai que les voix extérieures, les attentes de la société ou nos pensées inutiles et nos croyances limitantes peuvent parfois étouffer cette petite étincelle intuitive. Elles nous font croire que ce que nous ressentons n'est pas conforme, qu'il ne faut pas s'écarter des sentiers battus. Pourtant, votre intuition sait. Elle sait lorsque vous empruntez le chemin qui vous correspond vraiment, même si les avis contraires bruissent autour de vous.

UNE FORCE INTÉRIEURE POUR VOUS GUIDER

Certes, les hésitations, le découragement ou la fatigue peuvent parfois voiler notre élan et nous faire oublier notre projet de cœur. Mais vous, chère lectrice, avez le pouvoir de changer la donne. Ne laissez pas la peur ou le doute gagner du terrain. **Tenez bon la barre, gardez le cap et écoutez ce souffle intérieur qui vous invite à persévérer.**

Continuez à avancer avec détermination, avec constance sans succomber au chant des sirènes de la facilité. Vous possédez toutes les clés pour diriger votre navire là où vous le souhaitez, pour atteindre un équilibre qui vous ressemble, qui résonne avec vos aspirations les plus profondes.

Votre intuition est un phare dans la nuit, un guide précieux qui éclaire votre chemin. Croyez en elle, en vous, et laissez libre cours à cette force intérieure qui vous pousse en avant. Tout ne sera pas parfait et alors ?!

Affronter sa zone de peur, c'est un peu comme répéter son texte devant un miroir avant un entretien difficile ! Chaque fois que vous osez le super pouvoir de l'apprentissage, vous débloquez un nouveau champ des possibles. Chaque matin quand je me lève, je me rappelle pourquoi j'ai décidé de prendre soin de moi ! Parce qu'il paraît que se rapprocher de la personne que l'on veut devenir, ça vaut le coup. J'ajouterais que la discipline, c'est un peu comme le brocoli : pas si sexy, mais ça marche pour réussir un parcours minceur intelligent.

« MON INTUITION CONNAÎT LE CHEMIN VERS CE QUI ME FAIT RÉELLEMENT DU BIEN. ALORS, JE LUI ACCORDE MA CONFIANCE. »

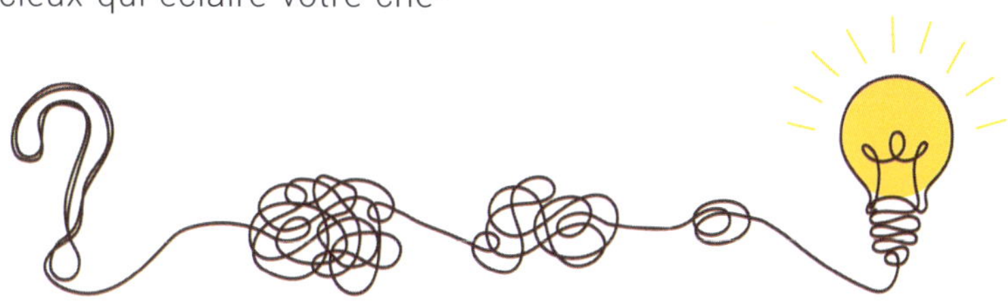

ÊTES-VOUS CONNECTÉE À VOTRE ENFANT INTÉRIEUR ?

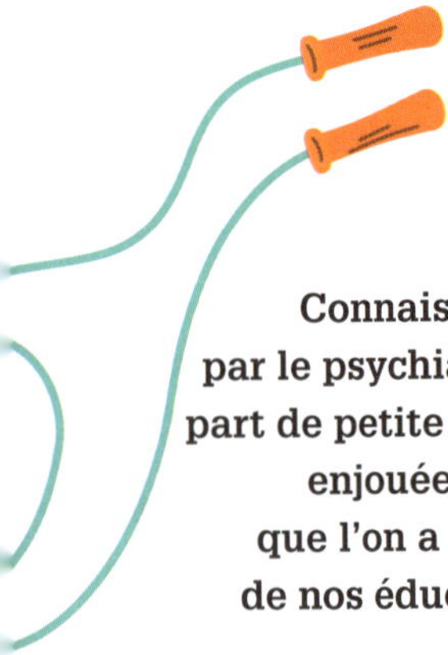

Connaissez-vous le concept de l'enfant intérieur décrit et mis en avant par le psychiatre Éric Berne, fondateur de l'analyse transactionnelle ? C'est cette part de petite fille en nous qui reflète notre vrai « nous » – spontanée, authentique, enjouée, enthousiaste, intuitive, positive, joyeuse. Toutes ces qualités que l'on a mises sous le tapis en grandissant pour se conformer aux diktats de nos éducateurs, professeurs, parents et aux codes instaurés par la société.

EN MANQUE DE SPONTANÉITÉ

Mais qu'est-il advenu de cette petite fille en nous ? Oserions-nous chanter à tue-tête dans une boulangerie pour exprimer notre joie ? Probablement pas. Pourrions-nous rire à gorge déployée dans une bibliothèque sans attirer des regards réprobateurs ? Difficilement, même si nous ne faisons rien de mal. Voici tant de comportements que nous cachons, évitons pour montrer au monde que nous sommes à l'image de ce que l'on attend de nous. Nous portons un masque qui met à mal notre authenticité et devenons des fantômes du politiquement correct.

Les différentes expériences, émotions ou situations vécues lors de notre enfance et de notre adolescence nous ont peut-être bridées, stoppées dans notre élan de vie ? Pour plaire à notre entourage ou pour se conformer aux règles, nous avons adopté un comportement passe-partout. C'est une bonne chose dans une certaine mesure,

> « ET SI VOUS RETROUVIEZ VOTRE ENTHOUSIASME, VOTRE SPONTANÉITÉ, VOTRE JOIE DE VIVRE, DÉNUÉE DE TOUTE INQUIÉTUDE SUR CE QUE LES AUTRES POURRAIENT PENSER ? RAVIVEZ VOTRE ÉLAN DE VIE ! »

MON EXPÉRIENCE

Alors que j'avais dix ans, je me souviens avoir raconté une vérité, ce qui m'a été reproché. J'ai été traumatisée qu'on ne me croie pas, et qu'en bonus, on me réprimande ! Cet événement m'a laissé une grande blessure. À l'époque, je n'avais pas les mots pour me défendre. Et peut-être qu'enfant, manger a été pour moi une façon de m'affirmer davantage ? **Je mange ce que je veux puisque je ne peux pas dire ce que je veux.**

car il est nécessaire de maîtriser les codes et de savoir interagir pour vivre en société. Mais parfois, cela fait disparaître notre vraie nature. Elle est enfouie au plus profond de nous jusqu'à anesthésier les souvenirs joyeux de l'enfance.

FAIS PAS CI, FAIS PAS ÇA !

Encore aujourd'hui, nous sommes sur les ondes FM de notre censeur intérieur (le surmoi selon Freud) : « ne fais pas ci, ne fais pas ça, ne mange pas comme ça, finis ton assiette, etc. » **Ces post-it installés dans notre cerveau mitonnent en sous-marin et ont un effet sur notre état émotionnel et notre façon de penser.**

Même si vous êtes devenue adulte, cette petite fille est toujours présente en vous, et elle a tendance à se manifester de façon maladroite par le biais d'émotions désagréables et pas très sympatoches (colère, coup de stress, peur, tristesse, honte...), ce qui vous pousse à manger pour étouffer cette part de vous enfant qui ne demande qu'à s'exprimer...

RETOUR AU PRÉSENT

Quelle que soit l'enfance que vous avez vécue, le présent est l'occasion de guérir, de soigner, de rassurer, de sortir du cadre quand il étouffe ou quand il réduit, de vous redonner une vraie place et de réhabiliter cette petite fille en vous. Parlez-lui à haute voix. **Soyez sa meilleure amie, délivrez-la de la tyrannie du passé**. Ne cessez pas de vous aimer, exprimez-vous, peu importe par quel biais – chant, écriture, peinture, prière, jeux, etc. Portez-vous de l'attention pour ne jamais avoir peur d'être seule, parlez-vous avec de l'affection, pardonnez-vous et acceptez-vous complètement pour vivre pleinement le présent et vous amuser de la vie.

NE SOYEZ PAS SI DURE AVEC VOUS !

Depuis combien d'années avons-nous tendance à avoir un discours intérieur maltraitant ? Nous nous en voulons, rien ne va jamais, les autres sont toujours mieux que nous… Vraiment, nous ne nous faisons pas de cadeau !

Il est temps de passer à une autre forme de relation avec vous-même. Promettez-vous plus d'indulgence, moins de jugement et plus d'observation. Faites les choses pour vous, acceptez vos erreurs et utilisez ce levier pour progresser. Prenez le pardon comme un défi prioritaire pour atteindre vos objectifs de bien-être.

UN AMOUR DE SOI INCONDITIONNEL

Quand on parle d'amour de soi, on ne saisit pas toujours ce que cela signifie et on ne parvient pas vraiment à l'appliquer. On a la grande capacité d'aimer les autres inconditionnellement, mais quand ça nous concerne, on est un peu perdu…

Alors interrogez-vous : que faites-vous quand vous éprouvez un amour inconditionnel pour un proche, que ce soit votre conjoint(e), vos enfants, votre mère, votre sœur, votre père, vos amis ? Quels sont vos comportements ? Est-ce que vous êtes bienveillante ? Est-ce que vous êtes honnête avec lui ? Est-ce que vous êtes à l'écoute, disponible, empathique ? Avez-vous du tact ? Vous portez sans doute votre attention sur ses besoins et vous ne voulez pas le faire souffrir…

➡ *Quelles sont les 5 personnes les plus importantes dans votre vie ? Vos enfants, votre conjoint(e), votre maman, votre papa, une amie, votre sœur, votre frère, votre grand-mère ?*
Listez les 5 personnes essentielles à votre vie :

1. ……………………………………………

2. ……………………………………………

3. ……………………………………………

4. ……………………………………………

5. ……………………………………………

J'espère que vous avez inclus votre prénom, car toutes ces personnes peuvent vivre heureuses sans vous, mais vous, sans vous, c'est impossible. Vous devez vous placer en haut de la liste, car pour être bien avec les autres, il faut d'abord être bien avec soi-même.

Vous aimer inconditionnellement, c'est être à votre disposition. C'est être disponible pour pratiquer votre sport, pour aller à votre rendez-vous chez l'esthéticienne. C'est être à l'écoute de vous et de vos propres besoins. C'est éviter de fuir, de vous cacher, de vous rabaisser. C'est entendre les messages que vous racontent vos émotions.

Si vous étiez un diamant, est-ce que vous laisseriez le diamant près de la poubelle, dans la boue ? **Veillez sur vous comme vous le feriez pour ce diamant.** Traitez-vous en princesse, traitez-vous comme la personne exceptionnelle que vous êtes.

Vous aimer inconditionnellement, c'est aussi être franchement honnête avec vous-même. Restez en lien et proche de vos valeurs sans vous enfermer dedans. Ayez du tact avec vous-même, **ne vous autorisez pas à vous traiter comme la dernière roue du carrosse**.

PAS BESOIN D'ÊTRE PARFAITE POUR S'APPRÉCIER. AIMEZ-VOUS SANS AUCUNE CONDITION. RÉPÉTEZ-VOUS : « JE M'AIME TELLE QUE JE SUIS, SANS CHICHI NI FIORITURE, À L'ÉTAT NATUREL ». C'EST ÇA, ÊTRE BIENVEILLANTE AVEC SOI.

TROP DE JUGEMENTS NÉGATIFS !

La vie est trop courte pour s'enfermer dans des jugements négatifs. En effet, un jugement sévère de soi-même peut entraîner une démotivation, une dévalorisation personnelle et une sous-estime de soi. Cela affecte profondément l'identité et la valeur que l'on s'accorde. Mais comment rester bienveillante avec soi-même ?

> « CHANGEONS NOTRE DIALOGUE INTÉRIEUR ET CULTIVONS LA POSITIVITÉ. CAR COMMENT PRENDRE SOIN D'UNE PERSONNE QUE L'ON N'AIME PAS ?! »

1. Pratiquez l'auto-compassion et répétez après moi :

- Je suis digne de respect et de bienveillance envers moi.
- Mes erreurs ne définissent pas ma valeur.
- Je mérite de prendre soin de moi.
- Mon identité n'est pas un bloc de marbre, elle évolue et grandit avec moi.

En cultivant une attitude douce envers nous-mêmes, nous pouvons renforcer notre estime de soi et embrasser notre identité, nos valeurs, notre corps. Nous sommes toutes imparfaites, mais c'est justement ce qui fait notre beauté et notre force !

2. Chassez les auto-insultes réflexes. Nous avons toutes tendance à nous critiquer : sur notre poids, notre prétendue bêtise, notre manque de compétence, notre nullité, etc. Cette auto-maltraitance engendre trop de souffrances inconscientes. On se fait du mal !

- Remplacez « je suis bête » plutôt par « j'ai oublié ».
- Troquez ces mots « je suis nulle » pour « j'apprends ».
- Changez « je suis incapable » en « je fais des progrès ».

3. Changez votre perception de vous-même. Nous utilisons souvent les mots « je suis » de manière dévalorisante. Essayons plutôt d'utiliser le verbe avoir pour mieux refléter nos états temporaires et non notre identité permanente.

- « Je suis nulle » devient « j'ai eu un comportement nul ».
- « Je suis grosse » se transforme en « j'ai des kilos en trop ».
- « Je suis fatiguée » devient « j'ai un coup de fatigue ».

STOP À LA CULPABILISATION !

Le surpoids n'est en aucun cas une faute. C'est plutôt la conséquence désagréable d'un manque d'écoute de soi à un moment clé de votre vie. Face aux épreuves, vous étiez perdue, vous ne saviez pas, vous ne pouviez pas, vous n'aviez pas le mode d'emploi. Vous étiez préoccupée par la recherche d'un mieux-être immédiat, tentant d'apaiser une urgence, à la quête d'un bonheur perdu ou d'un réconfort absent. Vous cherchiez à fuir l'intolérable, l'inimaginable,

LE GRAND PAPILLON CÂLIN

Ce petit exercice est issu des techniques d'ancrage.

→ Croisez vos avant-bras afin de vous retrouver avec vos mains vers vos épaules.

→ Enlacez-vous tendrement et pressez chaque côté en alternant droite et gauche.

→ Ajoutez-y une démarche pour engager le pardon : « je me pardonne… ». L'idée est de vous libérer d'une part qui n'est pas de votre responsabilité, d'un poids que vous n'avez plus à porter, d'adoucir une culpabilité, de vous reconnecter et de soulager votre charge mentale remplie d'injonctions, telles que « j'aurais dû », « je dois », « je devrais », « il faut »… Tous ces ordres que l'on se donne à soi agissent comme une mise en demeure et créent de la peur.

à combattre des démons intérieurs, à rétablir maladroitement une insatisfaction, une injustice, une frustration…

Vous avez alors fait ce qui vous semblait sur le coup le plus efficace pour apaiser une douleur : boire et/ou manger de la nourriture réconfortante, apaisante, joyeuse, sucrée, salée, grasse, moelleuse, à portée de main… Faites de cette douleur une force puissante pour amorcer le changement. Pensez à prendre soin de votre petit cœur bien avant votre physique.

NE VOUS EFFORCEZ PAS D'ÊTRE UN ROC INÉBRANLABLE À CHAQUE INSTANT. PARFOIS, PLEURER UN BON COUP, C'EST COMME APPUYER SUR LE BOUTON RESET. APRÈS UNE BONNE CRISE DE LARMES, C'EST LE CALME APRÈS LA TEMPÊTE. LES IDÉES DEVIENNENT PLUS CLAIRES ET, MIRACLE, ON VOIT ENFIN LA SORTIE DE SECOURS CLIGNOTER !

C'EST SI BON, LA NOURRITURE DOUDOU !

Nous cherchons souvent à nous protéger pour aller mieux, mais savons-nous exactement de quoi ? Nous nous adaptons en permanence devant les urgences du quotidien. Nous voulons à tout prix combler un vide, mais lequel ? Nous essayons d'anticiper chaque situation même s'il est impossible de tout prévoir, avec en prime le sentiment de ne jamais en venir à bout. Nous avons parfois été éduqués dans la perfection alors que le progrès a été mis de côté.

Ajoutez à cela une bonne part d'émotions comme la tristesse, la colère, la honte, la peur, et vous obtenez le parfait package pour traverser d'énormes phases de stress et avoir un grand besoin de réconfort. **Heureusement, notre cerveau, qui est plutôt performant quand il veut nous faire du bien, a trouvé une solution imparable pour apaiser l'accumulation de pression : manger.** La méthode est testée et approuvée, simple et efficace. Sauf qu'elle nous fait stocker kilos sur kilos.

COMPENSER PAR LA NOURRITURE

Manger c'est bon, manger c'est doux, manger c'est la base de la survie, manger c'est du plaisir... **Et si manger n'était pas le problème, mais la solution ponctuelle pour passer d'un état désagréable de mal-être à un état de réconfort et d'apaisement ?**

Et si manger en mode urgence était un message annonçant une carence cachée, un surmenage non conscientisé, un moyen d'apaiser un système nerveux au maximum de ses capacités ?

Pourquoi devrions-nous culpabiliser, nous torturer les neurones avec des jugements négatifs, entrer dans des phases de privation pour nous punir d'avoir mangé alors que cela nous a fait un bien fou ? Et ce qui rend dingue, ce n'est pas de manger, de grignoter, de dévorer..., mais ce sont toutes ces pensées dévalorisantes, méchantes, directives qui accompagnent notre comportement, notre soi-disant « faute » d'avoir mangé.

Eh bien NON, c'est légitime de compenser par la nourriture. Dès que je mâche, mon cerveau se dit : « tout va bien, tu es en vie, je suis en train de te donner une solution pour que tu ailles mieux, je veille sur toi ma chérie... » Et en plus, ça fonctionne puisque l'on répète le comportement.

NOUS N'ÉCOUTONS PLUS NOS SIGNAUX DE FAIM CORRECTEMENT. NOUS RÉGLONS TOUT AVEC LA NOURRITURE : ÉMOTIONS, ENNUI, STRESS, OBSESSIONS, BESOIN D'AMOUR, VIDE INTÉRIEUR, ANGOISSE... TOUS CES RESSENTIS NOUS POUSSENT À MANGER. POURTANT, LA NOURRITURE DOIT RÉPONDRE À UN BESOIN ESSENTIEL : LA FAIM, LE BESOIN DE CARBURANT. LA SOLUTION À UN PROBLÈME NE SE TROUVE NI DANS NOS PLACARDS NI DANS NOTRE RÉFRIGÉRATEUR. CERTES, MANGER POUR APAISER NOS ÉMOTIONS PEUT SEMBLER EFFICACE, MAIS CE N'EST QU'UN SOULAGEMENT TEMPORAIRE AVEC DES CONSÉQUENCES NÉGATIVES À LONG TERME.

TROUVER D'AUTRES SOLUTIONS

Le « craquage » alimentaire peut répondre à un besoin ponctuel de manger plus, qui survient après une journée difficile ou une activité intense. Ne paniquez pas, tout est rattrapable. Il s'agit alors d'identifier vos besoins émotionnels. Avez-vous besoin de calmer une colère, que les choses changent, de réconfort, de lien, d'apaisement, de liberté, de justice, de sécurité, d'amour ?

La nourriture peut être un leurre, elle détourne votre souffrance momentanément. Acceptez-le. Après tout, c'est aussi une façon d'aller mieux. En revanche, il est nécessaire de chercher d'autres solutions, car il est possible de trouver un chemin de traverse, autre que la nourriture, pour surmonter certaines épreuves de vie.

« UNE MERGUEZ, UN CROISSANT OU UN BOUT DE CAMEMBERT N'A PAS LE MÊME EFFET QU'UN VRAI CÂLIN. »

Dans un premier temps, ce qui peut vous aider est de vous dire « je peux manger ce que je veux », mais avant j'écris ce que je ressens et je cherche un petit moyen différent de me réconforter ou de me sécuriser. Et après, si j'ai envie, je mange. C'est OK.

PAIN AU CHOCOLAT, UNE PETITE DOUCEUR RÉINVENTÉE

INGRÉDIENTS

- 8 feuilles de riz
- 1 c. à s. de sucre de canne
- 4 carrés de chocolat (10 g chacun)
- 1 œuf
- 1 c. à s. de crème fraîche
- 100 ml de lait d'amande ou coco

INSTRUCTIONS

➡ **Préparation du mélange :** dans un bol, mélangez l'œuf, le lait d'amande, le sucre de canne et la crème fraîche. Fouettez le tout jusqu'à obtenir un mélange homogène.

➡ **Trempage des feuilles de riz :** versez une partie de la préparation liquide dans une assiette creuse. Trempez-y deux feuilles de riz à la fois jusqu'à ce qu'elles soient bien ramollies.

➡ **Assemblage des pains au chocolat :** placez un carré de chocolat au centre de chaque paire de feuilles de riz ramollies. Pliez les feuilles de manière à former un petit paquet carré. Répétez cette étape avec toutes les feuilles de riz restantes.

➡ **Cuisson :** disposez les pains dans l'Actifry sans utiliser la pale centrale. Il est conseillé de légèrement huiler l'intérieur de l'appareil avant de déposer les pains pour éviter qu'ils adhèrent.

➡ **Finition :** faites cuire les pains au chocolat pendant 17 minutes, ou jusqu'à ce qu'ils soient dorés et croustillants.

➡ **Dégustation :** laissez refroidir légèrement avant de savourer ces délicieux pains chocolatés. Bon appétit !

MIROIR,
MON BEAU MIROIR

L'été dernier, sur une plage magnifique de Croatie, je regardais les gens autour de moi. C'est une habitude que j'ai prise depuis l'enfance. J'aime observer leur attitude, leurs comportements, leur démarche, leur coiffure, leurs vêtements, les couleurs qu'ils portent… Cela me rappelle que nous partageons tous les mêmes problématiques, les mêmes besoins, les mêmes stress. Nos corps sont différents et chacun vit ses propres insatisfactions.

CHACUN SES DÉFAUTS !

Majoritairement, nous sommes adeptes de l'autocritique négative sur ce que nous sommes, ce que nous faisons et ce que nous désirons. Nous recherchons désespérément la perfection, alors qu'en observant les corps qui se promènent, nagent et bronzent autour de nous, nous nous apercevons que chacun a ses particularités.

Prenez n'importe qui sur la plage, vous trouverez toujours quelque chose qui ne correspond pas à vos critères. Vous pouvez admirer les jambes d'une femme, mais ne pas aimer sa poitrine, trouver qu'une personne a un corps magnifique, mais ne pas apprécier son visage. Même sans cellulite, vous pourriez juger ses épaules trop carrées.

En fait, nous avons tous des défauts. Alors acceptons notre corps tel qu'il est pour les années à venir. Limitons la pression. Arrêtons de nous comparer, nous avons passé l'âge ! Demain, sur une île déserte sans miroir, je vous assure que nous lâcherions prise sur notre image.

SE RÉCONCILIER AVEC SON IMAGE DE SOI

Changeons notre obsession de la perfection et de la beauté. C'est une contrainte épuisante et douloureuse. En réalité, la notion de beau et de moche est entièrement subjective. Soyez un modèle unique et libéré de tout. Le merveilleux réside en chacune de nous, et seules les personnes capables de le voir méritent votre attention.

Qu'est-ce que l'on se raconte dans notre tête pour ne pas s'aimer ? A-t-on peur d'être rejetée, de ne pas être à la hauteur, de

À SAVOIR

Le corps le plus beau à 15 ans peut changer à 20 ans, se métamorphoser à 30 ans et se transformer encore plus à 40 ans. Ensuite vient la période des 50 ans où nos hormones nous jouent des tours : le ventre s'épaissit… Et, si la vie nous fait le cadeau d'atteindre les 70 ou 80 ans, nous nous ressemblerons toutes. La peau perdra de son élasticité, nos muscles de leur tonicité, les ridules autour de la bouche et sur le visage seront plus apparentes, nos cuisses flotteront et notre cerveau ne sera pas toujours au top. Et vers 90 ans ou plus, nous aurons du mal à bouger et nous vivrons peut-être avec des regrets…

subir les réflexions désagréables des autres alors que l'on est soi-même capable de s'en adresser des pires ?

J'ai des cuisses avec de la cellulite, mes cheveux deviennent gras au bout de deux jours, mes oreilles sont décollées, certains de mes doigts sont tordus, mes ongles sont cassants et j'ai les dents du bonheur. Pendant longtemps, j'ai rêvé d'un sourire parfaitement aligné… Mais malgré cinq ans d'orthodontie, rien à faire. Alors **j'ai décidé de cesser cette guerre avec mon corps.**

Si tu m'aimes, accepte-moi telle que je suis. Je ne vais pas me plier en quatre pour plaire à tous. Espérer sans certitude être aimée et attendre constamment que l'on daigne me prêter attention ?! Ma décision est ferme. Je ne veux plus de ce mode de fonctionnement. Je suis comme vous, je suis « une femme bien » et cela est largement suffisant. Je vous invite donc à conserver votre énergie pour des batailles plus importantes.

Changez votre regard sur vous

Allez les filles, posez cette loupe et ce miroir grossissant, on va rire un peu de nos petits complexes !

- **Arrêtez de chercher une image idéale et fantasmée.** Vous n'avez pas des jambes de rêve ? Eh bien, soyez heureuse d'avoir des jambes tout court ! Imaginez devoir vous déplacer en sautillant comme un kangourou, ça serait sportif !
- **Bien sûr, rien ne vous empêche d'améliorer votre image.** Moi ado, j'avais de l'acné, j'ai fait un traitement. Après avoir perdu 35 kg, mes seins ressemblaient

« ACCEPTER VOTRE CORPS EST LE MEILLEUR SERVICE À VOUS RENDRE. »

à deux gants de toilette mouillés. Hop, opération de reconstruction. Et voilà, des seins remontés comme un soufflé au fromage !

- **Troquons l'acharnement minceur par de la douceur.** Prenez soin de vous ! Remplacez la négligence par de l'attention. Dites-vous « je suis importante » devant le miroir en dansant la Macarena sans complexe.
- **L'abandon du « foutu pour foutu » ?** On le remplace par une reprise en main bienveillante. Fini les lamentations, bonjour les visualisations positives ! Regardez-vous et dites : « Eh bien, je ne suis pas Lady Gaga, mais je ne suis pas mal non plus ! »
- **Au lieu de nous pourrir la vie avec nos défauts physiques, mettons en lumière nos qualités.** Prenons la mesure de la chance d'avoir un corps qui fonctionne et nous aide chaque jour. Vous n'êtes pas invisible, et heureusement. Prenez votre place et sortez de l'auto-jugement négatif.

Alors Mesdames, on respire, on sourit et on accepte notre image sans conditions. Parce qu'après tout, la vie est trop courte pour ne pas avoir un peu d'autodérision sur nos petites imperfections.

ÉCOUTEZ ET CHÉRISSEZ *VOTRE CORPS*

Ah, cette quête du résultat rapide… On pourrait presque dire que c'est l'équivalent moderne de la recherche d'un trésor à dos de licorne ! Ça ne marche pas. En fait, cette obsession du « tout, tout de suite » tue notre ténacité et rend la mise en action aussi rare que de collectionner des météorites.

C'est douloureux de se priver et pourtant combien d'entre vous le font pour espérer un résultat dépassant les 500 g par semaine ? Sérieusement, qui aime la privation, le contrôle millimétré ? **Même votre corps vous envoie des signaux de fumée : « Hey, ça ne va pas là, cocotte. Arrête de me malmener, tu me fais souffrir ! »** Quand votre corps vous donne un coup de pied métaphorique, c'est son moyen (pas très subtil) de dire « relax, ici on va finir par craquer sérieusement ».

Alors Mesdames, écoutez ces signaux qui vous disent stop, repos, dodo, calme, respire, bouge, détente… Et apprenez à faire le yo-yo avec votre niveau de discipline. Après tout, une silhouette de rêve ne se fait pas en un jour et votre bien-être mérite bien un peu de patience.

« QUAND VOUS ÉCOUTEZ LES MESSAGES DE VOTRE CORPS, QUAND VOUS LE CONSIDÉREZ, VOUS LE BICHONNEZ. »

J'ENTENDS UN VENTRE QUI GARGOUILLE…

Comprendre les signaux de votre corps est la clé d'un changement durable. **L'écoute attentive de la faim, cet appel vital, n'est pas juste un caprice.** C'est l'écho de vos besoins fondamentaux. En synchronisation avec ce rythme naturel, vous engagez un dialogue serein avec les hormones de la satiété, une étape essentielle pour une harmonie durable.

Si une sensation de faim se manifeste avant l'heure habituelle du repas, ne la rejetez pas : elle est le signe que votre corps réclame de l'énergie. Pourquoi attendre midi quand votre corps vous crie famine à 11 h 40 ? Répondez expressément à l'appel du ventre et mangez avec plaisir ce que vous aimez et non un fromage blanc pour espérer une perte de poids rapide. Ignorer ce signal peut engendrer un désir incontrôlable de grignoter et conduire à des repas sur le pouce où manger en conscience sera exclu. Un cercle vicieux fait de dévalorisation et d'abandon.

VOTRE CORPS SAIT

Imaginez-vous relever un défi au milieu de l'après-midi : le distributeur automatique est là et vous tente avec ses madeleines, ses chips, son chocolat. Mais ce moment de désir intense révèle peut-être en réalité

un besoin nutritionnel non respecté. Quand votre corps manque d'une dose de nutriments indispensables, il s'orientera vers des plaisirs sucrés ou salés éphémères et rapides. Qu'est-ce qu'il est intelligent ce corps ! Oui, je t'aime ;)

Chaque décision consciente que vous prenez est un acte de respect envers vous-même. **Nourrissez votre corps avec sagesse et tendresse, et regardez-le éclore sous vos yeux, il vous guidera ainsi vers le bien-être et l'épanouissement durable.**

MON EXPÉRIENCE

En écrivant ces lignes, je ressens une émotion de tristesse car oui, moi aussi, j'ai fait souffrir mon corps. Je lui ai infligé de sales moments avant de parvenir à l'équilibre alimentaire. Mon corps n'est pas parfait, mais c'est le mien et j'y tiens. Je le protège, j'en prends soin, je le rassure, je le motive, je le récompense, je ne l'insulte plus. C'est mon ami, il a ses faiblesses, mais il a aussi ses forces. Surtout je lui fais confiance car le corps humain est une machine exceptionnelle, telle une horlogerie suisse, une Tesla haute technicité, un Thermomix... Le corps sait tout faire. Écoutons-le ! Soyons proches de lui. Il ne demande que ça.

L'ORIGINE *DU MAL*

Quelles blessures cherchons-nous à masquer sous des couches de kilos en trop ? Et si nous nous offrions un moment de répit ? Plutôt que de cacher, étouffer, fuir notre souffrance, ne pourrions-nous pas la coucher sur le papier, en parler pour lâcher ce qui est lourd à porter et même creuser un trou profondément pour l'enterrer dans un lieu apaisé ? Ne rêvez-vous pas de cesser de ressasser et d'arrêter de réactiver en boucle la douleur du passé, du présent et même d'un hypothétique avenir ?

LÂCHEZ VOTRE COLÈRE !

Vous êtes en colère ? Que tentez-vous de réprimer ? Que n'exprimez-vous pas ?

Tant que vous ne réparerez pas l'injustice, tant que vous n'identifierez pas le désaccord que vous vivez, cela aura un effet négatif sur votre bien-être global. Ce n'est pas la nourriture qui fait du mal, c'est ce sentiment d'être dévorée de l'intérieur et de ne pas pouvoir stopper ça.

La colère est explosive pour certaines – on râle, on peste –, mais elle peut aussi être silencieuse. Bouder, être fâchée, ne plus parler... c'est aussi une forme de colère. N'avez-vous pas envie d'amorcer un changement pour vous libérer de cette colère ? Pour éviter qu'elle vous ronge et vous pousse à manger. Je vous invite à en parler, à exprimer ce que vous avez sur le cœur. Ne la gardez pas en travers de la gorge. Allez voir votre médecin, un(e) psychologue, un(e) coach... Trouvez une oreille attentive qui saura vous comprendre et vous aider.

« SORTEZ DE LA COLÈRE, ELLE N'EST PAS BONNE AMIE POUR VOUS DÉBARRASSER DES KILOS. ELLE N'APPORTE QUE DÉCOURAGEMENT, STRESS ET ACTIONS INCOHÉRENTES. »

MON CONSEIL

Vous avez le droit de choisir comment surmonter votre quotidien, mais reprenez le pouvoir sur vos décisions.
Ne subissez pas vos émotions : laissez-vous traverser, acceptez-les et si la seule solution est de manger, c'est OK. Accueillez cette habitude que vous jugez négative car elle joue un rôle indispensable pour vous permettre d'aller mieux. Toutefois, si vous décidez de manger, assumez-le ou sinon faites différemment !
Personnellement, je préfère en cas de grosse colère manger un paquet de gâteaux plutôt que d'aller trucider mon voisin !

ALLEZ À LA SOURCE DU PROBLÈME

Les kilos superflus ne sont que les conséquences d'un comportement alimentaire non adapté mis en place pour aller mieux. Mais qu'est-ce qui alimente cela ? **Pourquoi nourrissons-nous le problème au lieu de nourrir la solution ?** Quel événement vécu vous submerge à tel point que vous cherchez dans la nourriture force, amour et énergie en mangeant plus que de raison ? Grâce à un accompagnement personnalisé, vous pouvez réussir et surmonter les épreuves qui se présentent. Il n'est pas forcément nécessaire de s'enchaîner à la nourriture pour gagner en courage, en apaisement, en confiance.

Il est temps de poser des mots sur cette colère. Exprimez-la, acceptez-la pour passer à autre chose. Notez ce que vous ressentez. Racontez votre colère comme si vous la décriviez à un enfant. De quoi avez-vous besoin pour apaiser et guérir cette colère ? Et si l'énergie octroyée à cette colère était utilisée de façon plus efficace ?

➠ *Les mots pour apaiser ma colère :*

NOUS SAVONS TOUTES QUE VIDER SON SAC, C'EST AUSSI BON POUR LA SANTÉ QUE VIDER SON ASSIETTE. EXPRIMER ET ACCEPTER SON RESSENTI, C'EST ÊTRE BIENVEILLANTE AVEC SOI-MÊME. C'EST COMPRENDRE QUE L'ON PEUT REBONDIR APRÈS CHAQUE ÉPREUVE, POURSUIVRE SES RÊVES ET SES OBJECTIFS, ET QUE LA GENTILLESSE ET L'AUTO-PARDON SONT LES CLÉS D'UNE MEILLEURE ESTIME DE SOI.

TROQUEZ VOTRE CARAPACE DE KILOS CONTRE UNE CAPE DE CONFIANCE

« Je me suis construit une carapace pour me protéger. » C'est l'un des arguments que j'entends le plus souvent lors de mon programme Résilience Minceur. Et c'est quelque chose que je connais bien aussi. J'avais construit ma propre carapace à coups de sucreries ou de charcuterie – le tout en excès bien sûr.

On est convaincu que cette fameuse carapace de protection est utile, qu'elle nous apporte du plaisir, de l'assurance, de la fierté, du bonheur, de la liberté, un relationnel apaisé… Je n'en suis pas certaine, les filles. Cette carapace est un boulet !

UNE CARAPACE QUI VOUS ENFERME

Je déteste ce mot carapace. Cette soi-disant carapace nous permettrait d'encaisser les agressions extérieures ? Je n'y crois pas une seconde. Elle nous met plutôt dans une caisse trop étroite et inconfortable. Qui se sent bien dans une caisse ? Personne ! En tout cas, pas moi. Cette super carapace rend malheureuse, triste. Avec elle, on se replie sur soi, on ne sort plus, on a du mal à trouver des vêtements selon nos goûts, on perd notre assurance et on souffre dans notre tête et notre chair.

Cette fameuse carapace devient étouffante, elle nous emprisonne et rend difficile toute réalisation personnelle. Ce qui est censé représenter une zone de confort se transforme en un réel inconfort.

ENFILEZ VOTRE COSTUME DE SUPER-HÉROÏNE !

Êtes-vous prête à échanger votre vieille carapace pour une magnifique cape de confiance ? TADAMMMM !

« CETTE CARAPACE DE KILOS, PENSÉE POUR NOUS PROTÉGER, NOUS ENFERME DERRIÈRE NOS PROPRES BARRIÈRES. IL EST TEMPS DE REVÊTIR UNE CAPE DE CONFIANCE, POUR AVANCER AVEC ASSURANCE ET OPTIMISME. »

La transformation ne sera pas magique, car même les super-héros sont limités dans leurs capacités à se sauver eux-mêmes. En revanche, elle vous donnera un coup de boost, de la puissance en mettant en avant vos ressources intérieures et l'audace d'oser, telle la souris Jerry face au chat Tom ! Avec votre cape de confiance, vous vous autoriserez à être « vous », sans filtre, à montrer celle que vous cachiez sous cette maudite carapace.

Libérez la mince qui dort en vous ! Tombez l'armure de l'époque médiévale, elle est lourde à porter et démodée. Faites ce premier pas vers vous-même. Faites sauter les verrous, affichez votre plus grand soleil... euh... sourire et montrez au monde entier la femme que vous voulez devenir ! Vous allez créer l'avenir avec une nouvelle cape de protection, mais celle-ci est composée de confiance, de fierté, d'affirmation de soi, d'estime, d'un amour inconditionnel de soi, de respect, d'écoute...

➡ *Les filles, pour revêtir votre cape de confiance, mettez le focus sur ce que vous faites de bien :*

Je suis douée pour ....

Je suis en pleine capacité quand je fais ....

J'ai un talent inné pour ....

Je me sens à l'aise avec ....

J'ai confiance en mon pouvoir de ....

Je sais ....

Je peux ....

J'ai envie de ....

J'arrive à ....

REGARDEZ DEVANT VOUS : QUE VOYEZ-VOUS ? LE CHEMIN VERS VOS DÉSIRS LES PLUS FOUS.
REGARDEZ DERRIÈRE : LÀ-BAS, CE SONT TOUTES LES ÉPREUVES QUE VOUS AVEZ TRAVERSÉES COMME UNE VRAIE WARRIOR !
BAISSEZ LES YEUX : ATTENTION AUX TROUS, AUX PIÈGES ET AUX PEAUX DE BANANES – ON N'EST JAMAIS TROP PRUDENT !
TOURNEZ LA TÊTE DES DEUX CÔTÉS : SOURIEZ À CES FABULEUSES PERSONNES QUI VOUS SOUTIENNENT AU QUOTIDIEN. ELLES LE MÉRITENT BIEN !

POURQUOI FAUT-IL S'AFFRANCHIR DE SES PEURS

Je compare souvent la perte de poids à une fenêtre fermée. On est là à regarder toujours la même chose à travers cette vitre. Mais si on osait ouvrir la fenêtre et voir ce qui se cache derrière ? Peut-être que l'on verrait les choses sous un autre angle et que cela nous rassurerait.

Ouvrir cette fenêtre peut faire peur, c'est vrai. Ne cherchez pas à donner l'illusion que tout va bien. Vous n'êtes pas une Wonder Woman capable de sauver le monde à chaque instant. Se sauver soi-même demande parfois de reconnaître ses limites. Oui, il y a des moments où l'on ne peut pas, et c'est normal. Mais il y a aussi des moments où l'on ne veut pas, parce qu'il est plus facile de céder à la facilité et de rester sous sa carapace.

SORTEZ DE VOTRE ZONE D'IN-CONFORT

Laisser s'installer la démotivation revient à nourrir sa peur. Ça nous arrange. Pourquoi ? Parce que l'on préfère évoluer dans l'inconfort que procure notre peur plutôt que de se risquer à ouvrir la porte de l'inconnu. Que peut cacher l'inconnu ? Qu'est-ce qui vous fait si peur ? Craignez-vous de réussir ? Je vous invite à analyser cette peur :

- Vous avez peur de l'échec ? OK, mais l'échec vous le vivez déjà, ça ne peut pas être pire !
- Vous avez peur du temps à consacrer ? Et si c'était du temps gagné pour après ?
- Vous avez peur de vous lancer et de ne pas maigrir ? Super alibi pour ne rien faire. Si vous y aller en douceur et progressivement, ça paiera.
- Vous avez peur du jugement de l'autre ? Il vous juge déjà.
- Vous avez peur des efforts à fournir ? Et si ce n'étaient pas des efforts, mais des petits changements pour soi ?

Ressentir trop de peur est source d'abandon. D'ailleurs, cela fait des années que vous voulez perdre du poids, mais que rien ne bouge. Vous n'avancez plus, vous faites de la marche arrière. Ce n'est pas très confortable sur le long terme. Étouffer ses envies, subir son poids, se dévaloriser, avoir honte, ne plus se sentir à la hauteur de ses exigences, mais quel doux enfer !

VOS KILOS RACONTENT VOS PEURS

Nous avons parfois l'impression que nos kilos superflus ont peur de quitter la maison. Ils s'accrochent à nous. Alors rassurons-les. **Ils feront parfois des allers-retours, mais un jour, ils décideront de quitter le nid.**

Prenons les épreuves comme un cadeau. Au lieu de se dire « j'en ai marre de mes kilos », je peux aussi me dire « chouette, je suis vivante, j'ai surmonté des épreuves douloureuses grâce à l'alimentation. » Vos kilos racontent vos peurs et pour contrer la peur, il n'y a que l'amour, alors dites-leur gentiment : « Je sais que tu représentes ma peur, mais aujourd'hui je vais te montrer combien je peux te donner de l'amour. » En agissant ainsi, vous vous libérez de ces kilos.

LE CERVEAU, UNE MACHINE À FRAYEURS

Si jamais **votre cerveau commence à paniquer pour des broutilles** – « ahhh ! Je ne finirai jamais ce dossier à temps ! », « ils ne vont pas m'aimer si je refuse de venir », « que va-t-il se passer si je mange ça ? », « j'ai trop mangé ; ça va être l'horreur », etc. – rappelez-lui que vous n'êtes pas un taureau dans l'arène qui s'empresse de foncer tête baissée dès l'ouverture des portes. Prenez du recul et voyez ce qu'il se passe sans l'interpréter. Posez la situation par écrit ; cela aide vraiment à y voir plus clair.

Il est légitime de paniquer devant un lion affamé, mais se faire du mouron parce que Bernard de la compta ne nous a pas dit bonjour ou que la balance a décidé de faire une pause, c'est peut-être beaucoup d'énergie dépensée pour pas grand-chose, non ?

En bref, notre cerveau est parfois peu fréquentable. Il est spécialisé dans la fabrication artisanale de frayeurs sur mesure. **Il est grand temps de dédramatiser.** Après tout, ce n'est pas parce qu'il imagine des scénarios dignes des *Dents de la mer* que l'on va lui donner une récompense sous forme de doudou alimentaire.

Quand les émotions déclenchent des pensées inutiles

- **Émotion de peur :** « je n'y arriverai pas », « de toute façon, mon corps n'est pas fait pour être mince », « j'ai peur de le faire et de ne pas maigrir », « si je mange ça, je vais grossir », etc.
- **Émotion de tristesse :** « je ne maigris jamais », « c'est toujours pour les autres », « je ne m'aime pas », « pourquoi moi ? », « je n'ai pas de chance », etc.
- **Émotion de colère :** « c'est n'importe quoi », « je me déteste », « je suis nulle », « je ne fais que grossir », « il faut que tu te prives », « t'es bonne à rien », etc.

NOURRISSEZ VOTRE CERVEAU, *PAS VOS KILOS !*

Notre cerveau est un peu comme un touriste sous triple expresso. Imaginez-le avec un maillot « adrénaline », des lunettes noires et un appareil photo autour du cou, prêt à se précipiter sur la moindre miette de nouveauté, de pensée négative, d'interprétation d'horreur, comme si c'était un buffet à volonté après une diète.

Il visite, il flâne, il se gave d'histoires qui font peur, comme un enfant fasciné dans une boutique de bonbons. Le mode repos ? Il ne connaît pas. Il ressasse et se régale, même si cela provoque un ressenti inconfortable. C'est le genre de touriste qui ferait un marathon juste pour le plaisir de dire qu'il ne s'est pas arrêté. Et quand notre cerveau s'ennuie, il ne tient pas en place, il demande à manger. Il ne prend pas en compte les conséquences négatives. Il sait, mais ne s'y arrête pas.

VOTRE CERVEAU A FAIM… DE NOUVEAUTÉS !

Notre cerveau ne s'arrête jamais, il n'aime pas le vide, il n'aime pas les questions du quotidien sans réponse. Car en ce qui me concerne, face à un exercice de math, ça ne pose aucun problème à mon cerveau de passer à autre chose !

Et du coup, quand il ne trouve pas son comptoir de tapas intellectuelles, il se rabat sur ce qu'il a sous la main : le frigo. Le sucré, le salé, il n'est pas difficile, tant que ça croustille, que c'est doux, bon et plaisant. Dès que vous lui donnez un petit quelque chose à grignoter, il est là, tout content, plus rassuré qu'un koala sur son eucalyptus.

Mais quand ce malin commence à ressasser en boucle, le meilleur réflexe est de le basculer en mode action. Le cerveau ne peut pas faire du multitâche conscientisé. Littéralement. Il ne peut pas chanter la *Traviata*, réciter du Molière et vous faire une crise d'angoisse en même temps. Donc préoccupez-le avec quelque chose qui a du punch : dansez la Macarena en cuisinant une recette de risotto, apprenez l'ukulélé, marmonnez une série en coréen, bref faites-lui voir du pays ! **Nourrissez-le de choses que vous aimez pour le détourner de l'éternel réflexe nourriture.**

AVEZ-VOUS UN CERVEAU FOISONNANT ?

Beaucoup d'entre nous ont un cerveau foisonnant. Il s'agit d'un cerveau qui a besoin d'apprendre, qui a besoin de se renouveler, qui a besoin de découverte, qui a besoin de voyager, de liberté. Quand vous ne lui fournissez pas ce dont il a besoin, **il va se nourrir d'aliments pour compenser le manque**. Il s'ennuie à mourir et il mange pour survivre !

Depuis combien de temps n'avez-vous pas pratiqué un loisir, lu un bon livre ou fait une activité que vous adorez ? Emportée par le quotidien et le stress, on en oublie de faire des pauses, de bouquiner, de chanter, de danser, de s'amuser, de voir des amis. Du coup, on règle ce besoin non comblé avec la nourriture. Il est temps de nourrir son cerveau avec ce qu'il aime.

Comment stopper le petit vélo dans la tête ?

Vous êtes-vous déjà demandé comment apaiser ce hamster hyperactif qui court dans la roue de votre système nerveux ? Pas de panique, j'ai trois astuces infaillibles qui vont transformer votre corps en un temple de sérénité, même si pour l'instant il ressemble plus à une discothèque à 3 heures du matin !

NOURRISSEZ VOTRE CERVEAU D'ACTIVITÉS, DE PENSÉES, DE LOISIRS, D'APPRENTISSAGES SYMPAS. IL A BESOIN DE NOUVEAUTÉS ET DE CHOSES AGRÉABLES. QUAND MON CERVEAU EST NOURRI D'EXPÉRIENCES DIFFÉRENTES, IL EST HEUREUX ET N'A PAS SYSTÉMATIQUEMENT L'ENVIE DE TOUT COMPENSER AVEC LA NOURRITURE DOUDOU.

➡ **1. Mangez des aliments complets bio.** Oui, vous avez bien entendu. On va faire la guerre aux pesticides et booster ce truc que l'on appelle le GABA (un neurotransmetteur qui permet la relaxation physique et mentale, notamment en cas de stress) sans passer par la case départ.

➡ **2. Mangez des oranges et du melon, des fruits colorés riches en potassium et en antioxydants** pour vous aider à lutter contre le stress. Adieu l'anxiété, bonjour la sérénité.

➜ 3. **Allez courir, marcher dehors, quel que soit le temps.** Qu'il pleuve, qu'il vente ou qu'il neige, rien ne doit vous arrêter. Vous voulez que l'air pur terrasse votre agitation ? Enfilez vos baskets et affrontez les éléments ; cherchez l'endurance. Imaginez la scène : la pluie vous fouette le visage, le vent vous arrache vos écouteurs, mais qu'importe, vous êtes là, respirant à pleins poumons, faisant taire les plaintes de votre système nerveux comme un véritable Viking de la gestion du stress.

ET QUAND LE CERVEAU REPTILIEN CRIE FAMINE ?

N'avez-vous pas remarqué qu'après une longue période de démotivation, lorsque l'on tente de s'y remettre, l'élan est parfois de courte durée ? **Après deux ou trois jours, il n'y a plus personne au rendez-vous de la minceur.** La tentation prend le dessus, le plaisir que procure la nourriture devient une priorité, la faim de loup nous saisit, les fringales sont de retour, la survie est en route, le confort et la facilité prennent la place des efforts et de l'investissement. Mais pourquoi donc ? Notre cerveau est en ébullition, il ne se sent pas rassuré et nous nous trouvons dans l'impossibilité de raisonner.

Docteur, expliquez-moi : **dès que je me mets en mode régime, je perds le nord !** Mon cerveau reptilien (qui gère les besoins primaires) déclenche le mode famine : « tu veux ma mort, je ne me laisserai pas faire ! » Il accable mon cerveau limbique (qui permet les comportements complexes) qui souffre de mes comportements draconiens. Conséquence : je ne parviens plus à faire de plans sur la comète en m'imaginant svelte et tonique. Et si nous calmions un peu les équipes qui contrôlent notre cerveau ?

MON CONSEIL

Pour apaiser votre esprit lorsque vous vous engagez dans votre parcours minceur, notez ces deux choses importantes :

- Arrêtez de vous affamer : pour maigrir, il faut manger.
- Rassurez votre cerveau reptilien et expliquez-lui à haute voix que vous avez décidé de manger sainement, de prendre le chemin de l'équilibre alimentaire, qu'il est hors de question de vous priver comme vous l'avez fait pendant des années, que mincir rime avec plaisir et que la satiété est l'une de vos priorités.

PRENEZ SOIN DE VOUS

Il y a quelques années, une dame m'a dit une phrase qui résonne encore en moi aujourd'hui : « Prendre soin de soi, c'est comme mettre du rouge à lèvres. Si je déborde, je suis dans l'excès, mais si je n'en mets pas assez, s'il est trop vieux, de mauvaise qualité, nocif, trop liquide, trop épais, etc., ça ne me va pas du tout. »

VOTRE DEVOIR DU JOUR !

Personne ne mérite de se sous-estimer. Vous valez beaucoup plus que ça ! Nous sommes formidables quand nous nous aidons nous-mêmes, quand nous nous soutenons, quand nous respectons nos besoins et la personne que nous sommes, quand nous cherchons pour nous le calme et la sérénité...

A-t-on abandonné l'idée de la gentillesse et de la bienveillance envers soi-même ? Ou l'avons-nous simplement mise de côté car nous pensons ne pas être à la hauteur ? La dévalorisation ne vous aidera pas à perdre du poids, elle ne vous protégera pas contre les kilos.

Alors, changez d'état d'esprit, recentrez-vous sur vous-même et apprenez à vous chouchouter. C'est un cap tellement ressourçant. Vous le méritez amplement.

C'est à vous de veiller à votre sécurité lors d'un parcours minceur. On ne fait pas n'importe quoi à n'importe quel prix. Si vous supprimez les freins sur une voiture, vous allez droit dans le mur. Il est de votre responsabilité de prendre soin de vous.

Comment allez-vous prochainement prendre soin de vous avec gentillesse et respect ?

➡ C'est votre devoir du jour ! Vous avez 2 heures ! Mettez à profit vos talents pour établir une longue liste digne du travail des meilleurs sténodactylos.

« ET UN JOUR J'AI COMPRIS QUE CE N'ÉTAIT LE TRAVAIL DE PERSONNE, SAUF LE MIEN, DE PRENDRE SOIN DE MOI ET DE ME RENDRE HEUREUX. »

PAULO COELHO

CHAQUE JOUR EST UNE OCCASION SPÉCIALE

Vous êtes une VIP, ne l'oubliez jamais. Personne ne mérite les miettes d'un repas. Alors je vous invite à prendre une nouvelle habitude alimentaire : celle de manger juste et sain comme pour une occasion spéciale. **Imaginez que chaque repas est une occasion spéciale, un festival pour vos papilles et vos neurones.**

Comment agiriez-vous avec cet état d'esprit festif et joyeux ? Vous deviendriez sans doute une cheffe étoilée de l'innovation culinaire, créant des plats variés et délicieux. Vous auriez un sourire collé sur le visage, une motivation inébranlable, et vous seriez super excitée de prendre soin de vous.

MES SUGGESTIONS

De quelle façon pourriez-vous vous ressourcer pour vous faire du bien et avancer ? Voici quelques idées que je partage avec vous… Une sieste, un loisir, une danse dans votre salon, une balade au vert, un peu de lecture, une activité physique, une crise de rire, un bon thé, un ciné, un théâtre, un coloriage…

Les héroïnes
RÉSILIENCE MINCEUR

LA BELLE AU BOIS DORMANT S'EST ÉVEILLÉE À 44 ANS

avec un objectif clair : perdre 30 kg, dont 15 kg déjà envolés en 3 mois.

Princesse Aurore incarne la résilience et la détermination. Cette femme rayonne comme un véritable soleil. Lors de nos séances en visio, je recevais un boost d'énergie et de bonne humeur. Aurore possède un tempérament exceptionnel, mêlant intelligence et inspiration.

Son objectif principal ? Perdre du poids pour sa santé, améliorer son sommeil sans appareillage, retrouver la forme et le confort physique. Elle aspire également à un regard apaisé sur elle-même.

COMMENT AVONS-NOUS ABORDÉ SON PARCOURS MINCEUR ?

Pour atteindre ses objectifs, Aurore avait besoin : d'un suivi personnalisé, d'astuces pratiques, de gérer ses émotions, de se sentir motivée et capable, de surmonter les obstacles.

Ensemble, nous avons rétabli l'équilibre et répondu aux besoins de son corps. Nous avons réintroduit des déjeuners au restaurant, mieux mangé et plus, écouté davantage son corps, calmé son système nerveux et appris à traverser les épreuves avec aisance.

LES RÉSULTATS

Aurore a pris conscience qu'auparavant, elle ne mangeait pas assez : pas assez de féculents, de fruits, de protéines, et elle était constamment affamée sans perdre un gramme. En suivant son exemple, vous pouvez également atteindre vos objectifs de perte de poids tout en adoptant une approche positive et équilibrée.

Les héroïnes
RÉSILIENCE MINCEUR

À 35 ANS, ARIEL EST LA PETITE SIRÈNE MODERNE
qui a réussi à perdre 8 kg en 3 mois sur un objectif de 10 kg.

Femme d'esprit et d'humour, Ariel aurait pu être la reine du stand-up tant son autodérision est inégalable. Elle est une véritable source d'inspiration, une femme formidable.

Après la fin de son allaitement, Ariel a ressenti le besoin de se remettre en forme et de perdre le poids accumulé. Ses objectifs étaient clairs : retrouver la confiance en elle, se sentir bien dans ses vêtements, être plus à l'aise, et regagner en sérénité et en endurance. Elle voulait également se libérer du sentiment de culpabilité et de l'inconfort face au regard des autres.

COMMENT AVONS-NOUS ABORDÉ SON PARCOURS MINCEUR ?

Pour soutenir Ariel dans son parcours, j'ai adopté une approche pragmatique et bienveillante.

- Sortir du « foutu pour foutu » : ne pas chercher la perfection, mais établir un cadre facile et sécurisant.
- Relativiser et prendre du recul : apporter de la régularité et faire le point après chaque étape.
- Faire des choix judicieux : se faire plaisir tout en perdant du poids.
- Relancer la motivation : savoir rebondir après une phase de déception.

- **Optimiser la nutrition :** améliorer la répartition des macro-nutriments, augmenter les fibres, les glucides et les protéines, boire plus d'eau, favoriser les bonnes graisses comme les omégas 3.
- **Apaiser le besoin de validation extérieure :** apprendre à se valoriser soi-même.
- **Gérer la consommation d'alcool lors des moments festifs :** profiter sans excès.
- **Mettre en avant ses valeurs :** utiliser son adaptabilité, sa capacité de réalisation et son autonomie à son service.

LES RÉSULTATS

Aujourd'hui, Ariel va très bien. Elle a atteint une autonomie en matière d'équilibre alimentaire et a appris à être son propre soutien. Elle a compris qu'elle perd pied lorsqu'elle se met trop de pression. Ariel sait désormais profiter des moments festifs en famille ou entre amis avec plaisir et respect, sans dépasser les limites.

Dernières nouvelles ? Ariel a un grand projet en tête : agrandir la famille Sirène.

À table !

Il n'y a pas de perte de poids sans apprentissage. Comment réciter une poésie sans l'avoir apprise ? Comment résoudre un problème de mathématiques sur les fractions sans avoir compris et appris la leçon sur les fractions ?

Il est essentiel d'acquérir quelques connaissances en macronutrition et de les mettre en application afin de trouver un équilibre dans la répartition des nutriments. Bien sûr, nous ne fonctionnons pas tous de la même manière et nous n'avons pas tous les mêmes problématiques de poids. Cependant, en général, de bonnes bases permettent d'éviter la reprise de kilos et d'entamer une perte de poids durable et saine.

Je vous accompagne donc pour remettre un peu d'ordre dans vos habitudes alimentaires, mais aussi pour comprendre les raisons sous-jacentes de vos difficultés à mincir.

MANGER PLUS POUR MAIGRIR PLUS !

Et si le secret pour perdre nos kilos en trop, dans des conditions normales hors pathologie, était de manger plus, manger juste et manger mieux ? Même si notre entourage est toujours tenté de nous dire de manger moins pour nous débarrasser de nos kilos, ce mode de fonctionnement ne nous convient pas. Moi, ça me fait peur quand on me dit « mange moins ». Mon cerveau s'affole et je mange triple dose.

Cela fait si longtemps que vous essayez de maigrir, sans succès, mais **réussir à tenir sur le long terme en diminuant drastiquement votre apport alimentaire est une folie dont vous pouvez vous passer**. En revanche, vous pouvez adapter avec justesse votre alimentation pour trouver le bon équilibre entre plaisir gourmand, dégustation des plats que vous aimez et perte de poids. Voici le kit parfait du bien-être !

ADAPTEZ VOS REPAS À VOS BESOINS

Imaginez que votre estomac est le réservoir d'essence du moteur d'une charmante mobylette qui fait « vroum vroum » dès que vous lui donnez sa dose idéale de carburant. Maintenant, prenez ce même estomac et placez-le dans un SUV, ce gros mastodonte qui boit du carburant comme vous siroteriez une piña colada au bord de la piscine. Pas question de verser un jerrican d'essence entier dans le réservoir de la mobylette, n'est-ce pas ? Elle pourrait se mettre à faire des bulles et à faire sa difficile ! À l'inverse, imaginez tenter le Paris-Dakar avec trois pauvres gouttes d'essence dans un SUV familial… Vous n'iriez pas bien loin.

Alors, qu'apprend-on de tout ça ? Eh bien, **de la même manière que vous ne gonflez pas la mobylette à bloc ou que vous ne laissez pas le SUV sur sa faim, adaptez votre fourchette aux besoins réels de votre organisme.** Si vous servez à votre corps un banquet digne d'une reine alors que vous êtes en mode sédentaire, juste assise sur un trône (pardon, une chaise de bureau) toute la journée, ne vous étonnez pas s'il se met à stocker pour l'hiver. L'inverse est aussi vrai : nourrissez-vous de trois radis et d'une cuillère de quinoa avant de courir un marathon, et vous risquez de vous retrouver en mode économie d'énergie avant même le départ. En somme, **pour un voyage confortable et sans accroc sur l'autoroute de la vie, ajustez le menu à la cylindrée !** Trop, c'est comme pas assez, ça finit toujours par vous ralentir.

« ON ENTEND SOUVENT DIRE QU'IL FAUT MANGER DE TOUT, MAIS AVEC MODÉRATION. PERSONNELLEMENT, JE PRÉFÈRE L'IDÉE DE MANGER DE TOUT, MAIS JUDICIEUSEMENT. »

RECHERCHEZ LA SATIÉTÉ

Lorsque vous mangez, **cherchez la véritable satiété, non seulement dans la quantité mais aussi dans la qualité**. Être rassasiée, c'est ressentir une satisfaction profonde, qui va au-delà du remplissage de l'estomac. Privilégiez les aliments qui vous apportent une satiété prolongée et un sentiment de plénitude qui persiste bien après le repas. Prenons un exemple concret : **un repas composé de ratatouille et d'un œuf dur peut combler momentanément, mais qu'en est-il deux heures plus tard ?** Ces aliments sains ne garantissent pas toujours une satiété de longue durée et un ressenti frustrant peut se manifester. Votre objectif devrait être de maintenir une sensation et un souvenir agréables de votre repas pendant quatre à cinq heures, pour éviter les fringales qui surviennent souvent aux moments les moins opportuns, où seuls les choix impulsifs semblent accessibles.

MON EXPÉRIENCE

Ayant accompagné depuis plus de trente ans des personnes en surpoids – soit quelque 8 000 femmes – j'ai constaté que l'on maigrit en mangeant. Avec un apport énergétique rassurant, le corps se déleste de ses kilos en trop. Il se sent confortable et ne résiste pas à la perte de poids. En revanche, il est nécessaire de créer un mini déficit énergétique si vous souhaitez du résultat ou de vous mettre à dépenser ce carburant que vous consommez en apportant plus de mouvement au quotidien.

UNE ASSIETTE À L'ÉQUILIBRE

Les régimes à la mode et les pilules amaigrissantes peuvent sembler tentants, mais ils ne représentent pas la solution durable pour perdre du poids. Heureusement, il existe une méthode simple et efficace pour maigrir : une bonne répartition des macronutriments. C'est selon moi la piste la plus efficace, peu importe votre âge, puisqu'elle s'adapte à votre profil. Cette approche est pleine de bon sens ! Et dire que pendant des années, j'ai cru manger équilibré, alors que mes repas manquaient de certains nutriments.

Les macronutriments sont les trois principales sources de nourriture dont notre corps a besoin : les glucides, les lipides et les protéines. L'équilibre conseillé se situe aux environs de 50 % de glucides (pas en dessous de 40 %), 30 % de lipides (jusqu'à 40 % maximum) et 20 % de protéines (avec un minimum de 15 %). Rien n'est figé, bien sûr. Cela peut varier en fonction de vos besoins individuels, vous pouvez ajuster les proportions. Consultez un(e) diététicien(ne) pour établir un programme dentelle qui vous correspond.

UNE AUTRE MANIÈRE DE PENSER L'ÉQUILIBRE

Chaque femme que j'ai rencontrée lors de mes séances de coaching avait une idée bien précise de l'équilibre alimentaire – le fameux « légumes + féculents + protéines ». Elles avaient toutes des astuces, mais peu de résultats. Alors je me suis posé la question :

comment aider mes clientes à être au plus proche de l'équilibre alimentaire sans transformer leur vie en épisode de Koh-Lanta ?!

Comment se faire plaisir sans se sentir coupable dès que l'on mange quelque chose que l'on aime, ne pas vivre le manque, apporter à son corps les nutriments dont il a besoin, sortir de la peur dès que la balance fait un bond en avant, obtenir des résultats quel que soit l'âge, retrouver la forme et en même temps se sentir dans un cadre souple ? Bref, comment éviter le fameux « foutu pour foutu » ?

Je vous invite à **voir les choses sous un autre angle avec un équilibre de vos assiettes sur la semaine**, voire sur le mois. Sachez qu'après un bon gâteau d'anniversaire, un repas festif, un apéro convivial, un goûter gourmand... **tout est rattrapable, même après avoir surchargé l'organisme**. En prenant conscience de ça, on ressent un bien fouuuu !

« SUPPRIMER LES DESSERTS N'EST PAS TOUJOURS LA SOLUTION POUR PERDRE DU POIDS, CAR UN PETIT DESSERT PEUT EMPÊCHER DES ENVIES INCONTRÔLABLES PLUS TARD. »

IL EST IMPORTANT DE COMPRENDRE QUE TOUTES LES CALORIES NE SONT PAS CRÉÉES DE MANIÈRE ÉGALE. LES MACRONUTRIMENTS FOURNISSENT CHACUN UNE QUANTITÉ DIFFÉRENTE DE CALORIES PAR GRAMME : LES GLUCIDES ET LES PROTÉINES ONT 4 CALORIES PAR GRAMME, TANDIS QUE LES LIPIDES EN ONT 9.

PAS TROP DE VERT DANS LES ASSIETTES !

Pourquoi est-ce important de penser différemment ? Parce que paniquer après un craquage, s'interdire de manger certains aliments tout en argumentant qu'une pomme c'est mieux qu'un biscuit alors qu'on n'en peut plus des pommes, mettre une montagne de légumes dans son assiette en se disant que l'on est sur le bon chemin alors que l'on rêve de lasagnes... c'est un désastre total ! Ça ne fonctionne pas du tout. Résultat, on ressasse et on a le moral aussi bas qu'une paire de chaussettes après une randonnée !

L'EXEMPLE POUR COMPRENDRE

Que vous mangiez 5 000 calories de chocolat ou de carottes, je ne suis pas certaine que vous créiez un déficit suffisant pour déstocker. Non, la carotte ne fait pas maigrir, pas plus que le chocolat ne fait grossir. Aussi, une alimentation unique avec des légumes comme la carotte ou une alimentation exclusive avec des sucreries comme le chocolat ne vous permettra pas de fonctionner correctement et générera des carences. De quoi créer un bug dans le système ! Même si des glucides sont présents dans les deux cas, l'équilibre n'est pas au top pour ces 5 000 calories. Et dans les deux cas, si votre organisme a besoin d'un apport en énergie de 2 500 calories, alors vous prendrez du poids. Il faudra se mettre à l'haltérophilie pour brûler plus !

Alors méfiez-vous de la surconsommation d'aliments soi-disant « sains », « autorisés », « validés », « acceptés », comme les légumes, le poisson, le quinoa, les crudités, les légumineuses... Même ces aliments peuvent, en grande quantité, provoquer un inconfort. Souvenez-vous : « c'est la dose qui fait le poison. »

Si une consommation modérée de légumes et de yaourts est bénéfique lors des repas, en abuser pour éviter de craquer sur du chocolat ne l'est pas. **Il est tout à fait possible de manger des légumes, des yaourts et du chocolat de manière équilibrée.** Sinon, vous risquez de vivre un dilemme constant, menant à une frustration grandissante.

On va donc remettre un peu d'ordre dans tout ça ! Vous allez rechercher votre juste dose, afin de fonctionner de manière optimale et de vous autoriser à manger de tout pour dégommer ces kilos superflus. Êtes-vous prête à troquer votre montagne de légumes contre une assiette gourmande, équilibrée et savoureuse ?

DES NUTRIMENTS AU BON MOMENT

Manger équilibré, c'est aussi manger les bons nutriments, et donc les bons aliments au bon moment, selon vos besoins spécifiques à différents moments de la journée.

LE GRAS LE MATIN, C'EST TELLEMENT BIEN !
LE GRAS LE MIDI, ÇA DONNE ENVIE, ALLEZ-Y !
POUR LE SOIR, LE GRAS CE N'EST PAS UN CHAMPIONNAT.
LE SUCRE AU RÉVEIL, ÇA DÉRÈGLE.
LES GLUCIDES LE SOIR, JE VALIDE.
LES PROTÉINES LE MATIN, ÇA ENTRETIENT LA MACHINE.
LES FIBRES, C'EST UN SYSTÈME DIGESTIF EN ÉQUILIBRE.
L'EAU, CE N'EST PAS NOUVEAU, ELLE PERMET À VOTRE CORPS DE FAIRE DU BON BOULOT.

Par exemple :

- Pour un système nerveux apaisé, **favorisez les glucides après 18 heures.**
- Pour un coup de boost, **consommez des protéines le matin et à midi.**
- Chouchoutez votre cerveau **avec de bons acides gras dès le matin**.

Et surtout, ne cherchez pas à récupérer avec de l'alcool, du café ou du tabac. Optez plutôt pour des pauses régulières et respectez vos heures de sommeil.

Au sein même d'un repas, l'ordre a aussi son importance. Ainsi, je vous conseille de commencer votre repas par les protéines pour ne pas réveiller immédiatement l'insuline, puis par les légumes pour le côté rassasiement et par les féculents pour une assimilation lente. Car, quoi qu'il arrive, après un repas, il y a un pic de glycémie. Vous pouvez vous offrir alors un délicieux bout de chocolat. Il passera inaperçu après le repas en termes de niveau de glucose dans le sang comparativement à une prise isolée.

LES PROTÉINES, *BRIQUES DE L'ORGANISME*

La protéine est souvent appelée la « brique de l'organisme », car elle joue un rôle essentiel dans la construction et le fonctionnement de notre corps. Les protéines permettent en effet d'augmenter notre masse musculaire et de la réparer, mais ce n'est pas tout. Elles sont impliquées dans de nombreuses fonctions vitales telles que la régulation des hormones, le transport de l'oxygène, la réparation et la croissance des tissus, ainsi que dans le système immunitaire.

Imaginez que votre organisme est une maison en construction et que les protéines en sont les briques. Sans ces briques, la maison ne peut pas être édifiée correctement et solidement. De la même manière, sans protéines, notre corps ne peut pas fonctionner de façon optimale. Alors, que vous les consommiez sous forme animale ou végétale, le mot d'ordre est : « Je ne vous oublie pas, NON, jamais, vous êtes au creux de moi »[1] !

1. Paroles d'une chanson de Céline Dion, « Je ne vous oublie pas ».

DES MACRONUTRIMENTS SOUVENT NÉGLIGÉS

Entre les sandwichs, les repas pris sur le pouce, la flemme de cuisiner, le prix, le manque d'appétence pour la viande ou le poisson, nous avons tendance à négliger ce nutriment à tout âge.

Changeons d'angle de vue, donnons du sens : vous ne mangez pas des protéines pour maigrir, mais pour assurer à votre organisme les bases. De quoi a-t-il besoin pour effectuer son travail ? Pour retrouver de l'énergie, stopper les fringales de 17-18 heures, avoir de l'entrain et même une super motivation ? Oui, vous ne souffrez pas d'un manque de volonté, mais d'un manque de protéines ! En revanche, ne cherchez pas à en manger plus que vos besoins. Il n'y a aucun intérêt sauf si vous avez décidé de fatiguer vos reins et de surcharger votre organisme de déchets.

LA JUSTE DOSE

Votre taux de protéines dépend de votre poids, de votre activité et de votre âge.

Il ne vous en faut ni trop ni pas assez. L'idée n'est pas de faire de vous une femme de Cro-Magnon, mais que vous consommiez la juste dose qui vous permettra de retrouver la forme, de préserver vos muscles, de produire un collagène de meilleure qualité pour une peau élastique et plus lisse, de ressentir la satiété et de voir votre silhouette s'affiner. **20 à 25 % de votre apport énergétique doivent être réservés pour les protéines.** Vous mangerez naturellement moins avec cette bonne habitude.

Si vous pesez 90 kg et que vous êtes plutôt peu active, vos besoins en protéines sont d'environ 90 g de protéines pures (soit 1 g par kg, la dose pouvant être légèrement augmentée à 1,2 g par kg). La plupart de mes clientes tournaient autour de 60 g/jour en moyenne pour un poids de 90 kg et plus. Je précise qu'à titre exceptionnel, c'est OK, mais sur le mois, l'année, un manque de 30 g par jour peut avoir un effet négatif sur le bon fonctionnement de l'organisme. 30 g en moins sur 365 jours = - 10 950 g sur l'année, ce qui représente 121 jours sans protéines ! Quatre mois sans ce macronutriment essentiel !

POUR ÉLOIGNER LA DÉMOTIVATION, SOUVENEZ-VOUS QUE LA CLÉ RÉSIDE SOUVENT DANS VOTRE ALIMENTATION. CONSOMMER LA QUANTITÉ ADÉQUATE DE PROTÉINES EST FONDAMENTAL POUR MAINTENIR VOTRE ÉNERGIE ET VOTRE VOLONTÉ, VOUS PERMETTANT AINSI UNE PERTE DE POIDS SAINE ET ÉQUILIBRÉE.

MON CONSEIL

Les molécules qui composent les protéines sont des acides aminés indispensables à notre organisme. Pour garantir la qualité de la protéine végétale en acides aminés, ajoutez aux légumineuses des céréales selon le ratio 1/3 de légumineuses et 2/3 de céréales. Par exemple : 100 g de lentilles + 200 g de boulgour.

Notez également que pour une meilleure absorption du fer des légumineuses, vous pouvez ajouter un aliment riche en vitamine C (légumes, fruits…).

OÙ TROUVER LES PROTÉINES ?

Je vous encourage à inclure des sources de protéines de qualité dans votre alimentation quotidienne. Les aliments riches en protéines comprennent la viande, le poisson, les œufs, les produits laitiers ainsi que, pour les options végétariennes, les légumineuses, comme les lentilles corail, les pois chiches..., et les purées d'oléagineux, amandes, noix...

Bonne nouvelle : on trouve des protéines dans beaucoup d'aliments – spiruline, graines de soja, tempeh, tofu, graines germées, goyave, flan, crêpes, pancakes, galettes avec flocons d'avoine, gâteau au fromage blanc, bowl cake, etc. – alors **la variété sera votre meilleure amie**.

POUR ASSURER VOTRE QUOTA DE PROTÉINES JOURNALIER, COMMENCEZ DÈS LE MATIN AU PETIT DÉJEUNER AVEC 20 G À 25 G DE PROTÉINES. CELA VOUS APPORTERA UNE BELLE ÉNERGIE SANS COUP DE POMPE NI FRINGALE. VOUS RESSENTIREZ UN ÉTAT DE NON-FAIM ET VOUS NE VOUS JETTEREZ PAS SUR LA NOURRITURE À LA CANTINE DU BUREAU. DOPÉE POUR LA JOURNÉE !

Voici quelques indications pour vous aider à évaluer le taux de protéines (pour 100 g du produit, sauf indication contraire) :

- Viande maigre (poulet, veau, lapin), crustacés, poisson maigre (colin, cabillaud, merlan) : de 25 à 30 g de protéines.
- 1 œuf : 6-7 g.
- Viande grasse (merguez, chipolatas, boulettes de viande) : de 15 à 20 g.
- Parmesan : 39 g.
- Skyr : 10 g.
- Petit-suisse : 10 g.
- Viande des grisons : 38 g.
- Jambon : 35 g.
- Lentilles, pois chiches, haricots, grains entiers (pour 100 g cuit) : entre 8 et 9 g.
- 1 Waza fibres : 3 g.
- Tofu : 8 g.
- Tempeh : 19 g.
- Seitan : 20 g.
- Cottage cheese : 11 g.
- Flocons d'avoine : 2-3 g.

Des astuces pour manger des protéines

Vous avez du mal à atteindre votre quota de protéines par jour ? Voici quelques idées pour vous aider...

- Dans vos pâtes, ajoutez 1 œuf incognito.
- Au petit déjeuner, vous pouvez ajouter une barre protéinée comme une gourmandise. Rappelez-vous que l'idée n'est pas de se nourrir de barres, mais elles peuvent aider à se sentir rassasiée. J'en ai toujours une dans ma voiture pour un encas. Certaines ne contiennent que 2 g de sucre et apportent pour 55 g la valeur de 20 g de protéines.
- Préparez-vous des crêpes et des pancakes ou des galettes aux flocons d'avoine.
- Augmentez de 30 g la portion de viande chez le boucher car vous perdez 30 % sur le poids de votre portion pendant la cuisson.
- Prévoyez une entrée avec des légumineuses en salade, comme des lentilles, de l'edamame, des haricots rouges.
- Mettez des champignons dans vos assiettes, car ils apportent des protéines.
- Ajoutez du parmesan sur votre salade verte.
- Faites revenir de la viande des grisons pour agrémenter vos petits pois.
- Mangez des petites crevettes en entrée.
- Faites griller des pois chiches au four et ajoutez-en dans vos assiettes dès que vous en avez l'occasion.

UNE OMELETTE RICHE EN PROTÉINES

INGRÉDIENTS

- 200 g de haricots rouges
- 200 g de champignons entiers
- 1 œuf
- 2 c. à s. de farine
- 30 g de parmesan
- 2 petits oignons fanes
- 1 c. à c. d'huile d'olive
- sel, poivre

INSTRUCTIONS

- Mixez tous les ingrédients ensemble.
- Dans une poêle, faites cuire la préparation comme une omelette ou une petite galette.
- Dégustez !

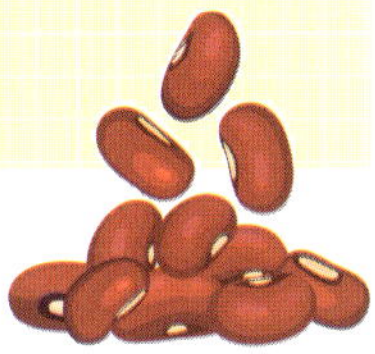

- Préparez-vous du houmous à tartiner sur une demi-tomate, dans une feuille d'endive ou sur un canapé de courgette crue.

LES LIPIDES, *VIVE LE BON GRAS !*

Ah, la quête de la silhouette de rêve pour porter ce jean taille 38… Euh, un bon 42, qui me nargue depuis des lustres, ça me va aussi… On pourrait penser qu'il faut dire adieu au gras pour y arriver. Oh malheur ! Surtout pas.

Savez-vous que chaque Français consomme en moyenne 8 kg de beurre par an ? Eh bien, malgré notre tendance à éviter le gras lorsqu'il s'agit de perdre du poids, il est essentiel de reconnaître l'importance cruciale des lipides pour notre santé et de comprendre que se priver des bienfaits des aliments sous prétexte de mincir n'est pas la solution. Comme une voiture a besoin d'huile pour fonctionner, notre corps a besoin de lipides pour être en pleine forme. Il est temps de dépasser nos craintes vis-à-vis de certains aliments et de saisir l'importance de chaque groupe alimentaire dans notre diète.

CES HÉROS MÉCONNUS DE NOS ASSIETTES

Pourquoi le gras est-il votre meilleur ami ? (Oui, oui, vous avez bien lu.) Imaginez les lipides comme les super-héros de votre alimentation. Ces petites matières grasses jouent un rôle crucial : ce sont des taxis transporteurs de vitamines (ces micronutriments si précieux). Les lipides ont aussi un rôle important dans la composition de la membrane de nos cellules, et favorisent la production d'hormones notamment d'œstrogènes. Parmi les hormones, il y en a une que j'adore : la leptine, alias « l'hormone de la satiété ». Elle est là pour vous dire après un repas : « OK, c'est bon, arrête de manger, tu as tout ce qu'il te faut ».

Pendant des années, on a brouillé les pistes et malmené nos hormones. Résultat ? On a faim, on se prive pour maigrir, puis on mange encore même quand on est rassasié. De quoi y perdre son latin. Notre organisme ne sait plus où donner de la tête et on finit par manger sans faim. Eh oui, ces fameuses hormones peuvent nous aider à dégommer les kilos.

Certes les lipides sont énergétiques (1 g = 9 cal) et en excès, ils stockent l'énergie, mais ils sont essentiels pour nos cellules. Figurez-vous vos cellules comme des petits ballons bien gonflés ; les lipides entrent dans la composition de leur structure. Et vu que l'on est un assemblage de cellules, mieux vaut qu'elles soient en bonne forme.

LE BON DOSAGE, C'EST COMME LA SAUCE SUR LES FRITES

Dans votre parcours minceur, il s'agit donc de porter votre attention sur le respect de votre dose journalière de lipides. Selon l'ANSES[1], la consommation de lipides devrait représenter environ 35 % à 40 % de notre apport énergétique total. Mais attention, il y a deux types de personnes : celles qui en consomment trop peu par peur de grossir et celles qui dépassent les quotas raisonnables. Alors, **on va viser une moyenne de 30 % à 35 % pour chouchouter nos cellules et être au top de notre forme**, soit environ 40 à 60 g de matières grasses par jour, en tenant compte de notre poids et de notre niveau d'activité.

1. Agence nationale de sécurité sanitaire de l'alimentation, de l'environnement et du travail.

« LES HORMONES JOUENT UN RÔLE ESSENTIEL DE MESSAGÈRES : ELLES DONNENT DES INFORMATIONS AU CORPS POUR SAVOIR QUOI FAIRE. »

DU PLAISIR – ET DU GRAS – DANS L'ASSIETTE

Oubliez donc l'idée de bannir le gras de votre alimentation. En revanche, choisissez la variété, la qualité et respectez cette juste dose en fonction de vos besoins. Les bons acides gras que l'on nomme lipides sont vos amis, ils vous veulent du bien ! Alors, faites-leur une place dans votre assiette et dites adieu aux régimes sans gras. **Parce qu'après tout, pourquoi se priver quand on peut se régaler avec intelligence ?**

Chaque recette est bien meilleure quand on y intègre des matières grasses. La satisfaction et le plaisir transmis par nos papilles gustatives à notre cerveau feront une vraie différence. Mettez-vous à cuisiner, savourez vos assiettes, sortez de table avec le sourire aux lèvres, apportez du fun et du goût pour retrouver l'harmonie physique et mentale. Allez, bon appétit et vive le gras (mais avec modération, bien sûr) !

Mes règles d'or

- Favorisez les bonnes huiles en pression à froid : 2 cuillères à soupe par jour.
- Variez votre apport en lipides et commencez dès le matin – le gras le matin, c'est très bien – avec des graines (noix du Brésil, de Grenoble, etc.), du vrai beurre (laissez tomber les allégés, fuyez ces graisses hydrogénées ou trans que le corps n'aime pas et lisez l'étiquette), de la purée d'amande…
- Évitez de cuire le beurre, consommez-le cru.
- Adoptez les graines (noix, amandes, noisettes, pignons de pin, etc.).
- Découvrez les purées d'oléagineux.

SAVEZ-VOUS QUE L'ASSOCIATION D'UNE HUILE DE QUALITÉ – UNE HUILE DE PREMIÈRE PRESSION À FROID – À VOS LÉGUMES PEUT OPTIMISER L'ABSORPTION DES NUTRIMENTS PAR VOTRE ORGANISME ? SONGEZ-Y QUAND VOUS PRÉPAREZ VOS REPAS.

MON CONSEIL

Limitez votre apport journalier avec les oléagineux. Oui, ces aliments sont bons pour votre santé globale ; en revanche, NON, on ne se nourrit pas d'1 kg d'amandes en guise de collation. Si vous ne rencontrez pas de problème d'allergie ou d'intolérance, vous pouvez intégrer des graines sans sel au petit déjeuner. Bref, visez la qualité et non une quantité XXL !

LES INCONTOURNABLES GLUCIDES

Asseyez-vous confortablement, parce que l'on va parler sérieusement… enfin presque. Les glucides sont aussi des super-héros pour notre corps. Vous vous souvenez de Captain America ? Eh bien, imaginez que les glucides sont son équivalent culinaire. Sans eux, nos muscles, notre cerveau, notre cœur et nos cellules risquent de faire grève. Oui, je sais, la perspective de votre cerveau qui dit « non » est terrifiante.

Je ne vais pas vous faire un cours de BTS diététique. Mais ce que je veux, c'est que l'on arrête de traiter les glucides comme des méchants dans nos assiettes ! C'est vrai, nous allons rapidement changer de taille en nous privant de glucides, mais dans quel état allons-nous finir ? La cliente a maigri, mais elle est au bout de sa vie, sans énergie, le cerveau vide… mauvaise idée !

OUI, notre corps est assez malin pour transformer les graisses en sucre afin d'alimenter nos cellules glucose-addictes. Il suffira de réduire de peu votre consommation sans privation et la fonte des graisses sera opérationnelle. En revanche, stopper net l'apport en glucides ?! À long terme, c'est juste… impossible à tenir ! De quoi avoir des fringales à répétition et des crises de remplissage inarrêtables.

LEVONS LE BLOCUS ANTI-GLUCIDES !

Imaginez une vie sans desserts, sans glaces, sans chocolat, sans pâtes ni riz ? Pour moi, c'est du domaine de la science-fiction. Pensez à une belle tranche de pain de campagne avec de la confiture ou du jambon, ou encore de la compote maison de tante Nadine… Ah, les lasagnes à l'italienne, ce riz cantonais parfait ou ce pain au chocolat tout chaud de votre boulanger ? Et que dire des merveilleux de Yann Couvreur ou des chocolats de Patrick Roger ? C'est injuste de s'en priver !

Ma tête ne supporte plus ce blocus contre les féculents, les pizzas, les sucres, les desserts, les gourmandises et les fruits. L'idée, ce n'est pas de se gaver de glucides jusqu'à rouler sous la table, mais de leur donner la place qu'ils méritent dans notre assiette. Favorisez certains glucides plus que d'autres et écoutez votre corps. Il sait ce qu'il veut, et souvent, c'est une tartine pleine de douceur.

UN MACRONUTRIMENT MAJEUR AU QUOTIDIEN

Bien sûr, **il est nécessaire de rester autour des 50 % d'apport en glucides recommandés pour obtenir du résultat** et en même temps d'accepter de ne plus vouloir battre des records de perte de poids. Perdre trop de kilos rapidement peut provoquer des troubles de l'alimentation. Nos besoins quotidiens tournent autour de 50 % de glucides. Et si vous êtes en mode sportif intense, vous pouvez grimper de 5 % supplémentaires. **Votre cerveau et vos muscles en pleine action sont des fans incontestés de glucides.** Pensez-y la prochaine fois que vous hésitez à croquer dans une baguette.

Faites un mixte équilibré de légumes, de féculents, de laitages et de fruits dans vos journées pour atteindre ces 50 %. Vous n'avez pas besoin d'ajouter des sucres supplémentaires sur le plan nutritionnel, vous êtes déjà au top. Mais nos envies, elles, sont là, et c'est normal. **La petite touche sucrée, elle fait plaisir et c'est OK tant que c'est avec modération.**

Mais comment être modérée si vous vous privez de tout ce qui est bon ? Votre corps va finir par réclamer du sucre en urgence parce que ses réserves seront à sec. Et croyez-moi, en cas de panne sèche, ce n'est pas le moment de se lancer dans un risotto, on file direct vers le pot de confiture ou le sachet de bonbons qui traîne sur le bureau de votre ado. Le cerveau cherche du sucre simple ! Alors, mes chères passionnées de diététique, levons nos fourchettes pour les glucides, ces héros sous-estimés de nos repas !

« FRANCHEMENT, QUI VEUT VIVRE DANS UN MONDE SANS DESSERTS, SANS PAIN, SANS PÂTES OU SANS GLACE AU CHOCOLAT ? »

NOTEZ CE DÉTAIL INTÉRESSANT : PLUS L'ALIMENT EST RICHE EN FIBRES, MOINS IL A D'IMPACT NÉGATIF SUR LA GLYCÉMIE. DONC POUR ÉVITER QUE L'ALIMENT CONSOMMÉ SOIT CONSIDÉRÉ COMME UNE BOMBE DE SUCRE, PENSEZ AUX FIBRES !

Les glucides, au rapport !

Dans quelles catégories alimentaires retrouve-t-on le macronutriment glucide ?

- Tous les féculents : pâtes, riz, pommes de terre, maïs, petits pois, pain, céréales, légumineuses...
- Les fruits : pommes, bananes, framboises, poires, pastèques, cassis, fraises, melons, mangues...
- Les légumes : eh ouiiii ! Ce sont des glucides les haricots verts, brocolis, choux, panais, carottes, oignons, courgettes, salades, fenouils, asperges, tomates... (Concernant ces dernières, personnellement, je me fais rarement une tomate en dessert, alors je vous la classe avec les légumes !)
- Les laitages : ils sont composés de lactose (synthétisé à partir du glucose et du galactose), comme le lait de vache, les yaourts...
- Les douceurs : dans cette catégorie, nous pouvons inclure les sucreries comme les bonbons, les chocolats, les sucettes, les guimauves, les pâtisseries, le miel et le sucre... Ce sont bien des glucides, mais à absorption rapide.

Pour beaucoup de mes clientes, cela a été un véritable électrochoc de prendre conscience que les légumes et les laitages étaient aussi des glucides. Elles avaient tendance à en faire une surconsommation avec un sentiment de frustration, car il faut avouer que switcher une envie de sucré par un radis ne nous met pas dans un mood joyeux et festif.

Bien entendu, toutes ces catégories alimentaires ne présentent pas la même vitesse d'absorption et elles ont des conséquences différentes sur la prise de poids. Mais l'idée ici est de saisir l'impact mental quand nous sommes privées de ce que nous aimons. Supprimer, éradiquer, s'interdire de manger tel ou tel aliment, les femmes que j'accompagne et moi-même n'y arrivons pas.

DU SUCRE, AVEC MODÉRATION

Ose, ose… non, je ne vous chante pas du Yannick Noah, mais je parle de nutriments ici. Vous avez bien deviné : il est question du sucre simple, de tous ces glucides qui finissent par « ose » comme glucose, fructose, saccharose, sucralose, lactose… Ils sont nécessaires, ces coquins !

Nos cellules sont glucodépendantes, ce qui veut dire qu'elles ont besoin de glucides pour fonctionner. Mais la bonne nouvelle, c'est que notre corps sait en fabriquer tout seul ! Oui, oui, il puise dans nos réserves de gras et fabrique du sucre. Magique, non ?

Quand le corps a besoin de glucides, il ne va pas faire la fine bouche. Que vous lui proposiez du chocolat, des légumes, des féculents ou des fruits, l'important pour lui est d'obtenir sa dose pour alimenter les cellules. Et **si vous ne réagissez pas rapidement, il se débrouille tout seul et commence à piocher dans vos réserves**. Un vrai MacGyver, ce corps !

Alors pourquoi paniquer devant une tablette de chocolat et se sentir rassurée devant des légumes ? Ces deux aliments sont tous deux des glucides. D'ailleurs, que vous mangiez 4 000 calories en chocolat au lait ou 4 000 calories en céleri râpé, la surcharge alimentaire sera la même. D'accord, vous serez probablement plus rassasiée et moins en mode montagnes russes de glycémie avec le céleri, mais qu'est-ce que l'on ne ferait pas pour un peu de gourmandise…

LE SUCRE EST PARTOUT !

Quand le corps déclenche la faim, écoutez-le et répondez à ses besoins. En revanche limiter sa consommation de sucre est une bonne idée. Soyez observatrice car il y en a partout ! Le sucre conserve et maintient la couleur des produits, adoucit une sauce

> PLUS JE MANGE SUCRÉ, PLUS J'AI ENVIE DE SUCRÉ. IL SUFFIT DE 7 JOURS DE PATIENCE POUR COMMENCER À RESSENTIR LES BIENFAITS D'UNE DÉTOXIFICATION AU SUCRE. DE QUOI DONNER UN COUP DE BOOST À SA MOTIVATION !

acide et, soyons honnêtes, joue le rôle de l'additif doudou : « C'est bon, j'en veux encore ! » Je préfère mille fois choisir le sucre que je mange plutôt qu'il me soit imposé sans m'en rendre compte.

Selon l'OMS, la consommation recommandée de sucre simple que l'on ajoute à son alimentation se situerait entre 25 et 50 g par jour. Or on en consomme facilement quatre fois plus. Et plus on en consomme, plus on en veut ! Chères gourmandes, faites des choix judicieux selon le moment et osez (sans jeu de mots) équilibrer votre consommation de sucre simple sans craindre les foudres du poids. Apportez à votre parcours minceur des moments de plaisir choisis, ne supprimez pas ce que vous aimez. En revanche, apportez des glucides sous différentes formes. Parce qu'après tout, même MacGyver a besoin de ses outils pour fonctionner correctement.

Des astuces pour limiter le sucre

Voici quelques idées pour prévenir ou apaiser une envie de sucre...

- Mangez des protéines le matin et à midi.
- Mangez 2 ou 3 noix du Brésil dès qu'une envie arrive.
- Buvez de l'eau chaude.
- Faites une soupe instantanée.
- Brossez-vous les dents avec du dentifrice salé.
- Mangez des légumes crus.
- Faites 5 squats.
- Sortez prendre l'air.
- Mangez un cornichon.
- Mangez des pois chiches grillés.
- Menez une action intéressante.
- Commencez un projet.
- Dépensez-vous.
- Écoutez de la musique.
- Buvez un café au lait avec de la cannelle.
- Mâchez une feuille de menthe.
- Prenez un yaourt aromatisé à la vanille naturelle.
- Buvez 1 verre de Perrier citron.
- Ajoutez de la miraculine, la plante magique qui rend tout sucré.
- Faites une respiration consciente pour calmer le système nerveux et apaiser l'organisme et le mental.
- Préparez une glace maison avec de l'eau et du Pulco.
- Mangez des féculents à 16 heures pour le goûter et le soir pour le dîner. C'est le meilleur moment pour fabriquer de la sérotonine, l'hormone de la bonne humeur et de l'apaisement.
- Prenez certains compléments alimentaires relaxants qui peuvent aider à diminuer les crises sucrées.
- Mâchouillez un bâton d'anis.
- Écoutez-vous : avez-vous faim ou juste une envie ?
- Buvez une tisane à la menthe poivrée.
- Ajoutez un comprimé d'Hydratis dans de l'eau chaude.

LES FABULEUX POUVOIRS DES FIBRES

Les fibres alimentaires jouent un rôle essentiel dans nos assiettes. Elles favorisent le bon fonctionnement du système digestif, réduisent le risque de certaines maladies et améliorent notre bien-être général.

Vive les fibres pour calmer la pompe à gras et éviter les pics de glycémie ! Elles ralentissent l'absorption des nutriments, renforcent et protègent la muqueuse intestinale qui joue, entre autres, le rôle d'une barrière de douane : elle sélectionne ce qu'elle laisse passer dans le sang ou non.

UN RÔLE POUR RÉGULER L'APPÉTIT

Les fibres sont des composants des plantes qui résistent à la digestion, car elles ne craignent ni l'acidité ni les enzymes. Elles se classent en deux *teams* : les fibres solubles très discrètes et les fibres insolubles donc rebelles, chacune offrant des avantages spécifiques pour la santé. Elles sont un élément clé pour réguler l'appétit et favoriser la gestion du poids.

Contrairement aux autres macronutriments, les fibres fournissent peu ou pas d'énergie, car l'organisme ne les assimile pas complètement. Cela en fait un choix judicieux pour celles qui surveillent leur apport calorique et veulent mettre un turbo à leur organisme pendant la digestion.

« LES FIBRES SONT LES MAGICIENNES DE LA SATIÉTÉ ET VOUS ENSORCELLENT POUR ÉVITER L'APPEL DU GRIGNOTAGE MALÉFIQUE. »

UN PEU, BEAUCOUP...

Dans un documentaire que j'ai visionné il y a quelque temps, consacré à l'alimentation des personnes en grand surpoids aux États-Unis, le constat était limpide : pour renouer avec une alimentation saine, il fallait ajouter 50 g de fibres au quotidien. En France, certains médecins nous invitent à en consommer jusqu'à 40 g par jour. Une bonne répartition me semble 10 g le matin, 12 g le midi et 12 g le soir.

Comme l'idée est de progresser et de maintenir à vie, **je vous invite à introduire une quantité de fibres à hauteur de 25 à 30 g par jour pour un bon démarrage**. C'est déjà formidable. Intégrez-les progressivement pour éviter les ballonnements et les douleurs. Imaginez une alimentation démunie de fibres depuis quelques années : il y a de quoi provoquer une rébellion intérieure ! Parlez-en à votre médecin afin qu'il valide la démarche et vous donne son avis.

BON À SAVOIR

Notez qu'1 g de fibres fait brûler à votre corps 7 kcal : c'est toujours ça de pris pour dépenser plus de carburant !

OÙ TROUVER LES FIBRES ?

Incorporer davantage de fibres dans votre alimentation peut se révéler agréable et délicieux... En suivant ces pistes d'amélioration (voir la liste ci-après), vous serez en mesure de créer des assiettes équilibrées qui non seulement raviront vos papilles, mais vous procureront un état de non-faim pendant de nombreuses heures. Soyez reconnaissante et saluez l'esprit fibres !

Des idées pour manger des fibres

Les fibres sont invisibles, mais bien présentes uniquement dans les végétaux.

- **Dans vos fruits secs (et oléagineux) :** misez sur ces aliments résistants à la déshydratation, tels que les amandes, les noix, les abricots secs, les pruneaux, les cranberries, les baies de goji... Ils sont petits mais concentrés en fibres, ce sont de super snacks énergisants et intéressants pour la flore intestinale.
- **Dans vos céréales complètes et semi-complètes :** favorisez les céréales bio pour un vrai boost non raffiné à votre système digestif. Dans ce rayon, vous trouverez : riz, pâtes, flocons d'avoine, son, psyllium, pain de seigle, complet ou aux noix...

QU'EST-CE QUE J'AI À GAGNER EN MANGEANT DES FIBRES ?
1) JE CALME LA POMPE À GRAS EN RÉGULANT MON TAUX DE SUCRE DANS LE SANG.
2) JE SUIS CALÉE PENDANT DE LONGUES HEURES.
3) JE BICHONNE MON INTESTIN ET AMÉLIORE MON TRANSIT.

- Dans vos légumineuses : ce sont les championnes des fibres, elles ont tous les atouts et font partie de la nouvelle vague de la gastronomie bien-être. À vous les lentilles, les pois chiches, les haricots blancs, rouges, noirs, les pois cassés... Ce sont des super aliments qui gonflent votre apport en fibres.
- Dans vos légumes colorés : la soupe ne vous fera pas grandir, en revanche, les légumes, c'est le jackpot à chaque bouchée ! Croquants, fondants, poêlés, gratinés, à la vapeur ou en crudités, c'est votre ticket gagnant pour du volume dans l'assiette sans surcharge énergétique. Brocolis, choux de Bruxelles, haricots verts, panais, carottes, poireaux, endives, aubergines, épinards, artichauts... : mariez-les avec les autres nutriments pour un équilibre juste.
- Dans vos fruits frais : filez au marché et traquez les fibres. La seule règle pour préserver les fibres des fruits est de garder la peau quand c'est possible et leur pulpe. L'idée est de mâcher, sinon ce n'est pas drôle. Mangez des framboises, pommes, poires, kiwis, mangues, cerises, pamplemousses, ananas, prunes... Il paraît que le kiwi se mange avec la peau, personnellement je n'ai pas franchi ce cap expérimental !

LA CELLULE GRAISSEUSE : *UNE SQUATTEUSE*

Avez-vous déjà entendu le conte de la cellule graisseuse et du grand régime ? Non ? Installez-vous confortablement, prenez une salade (sans trop de vinaigrette, de préférence) et laissez-moi vous raconter l'histoire de ces adorables petites boules de graisse qui aiment s'accrocher à nous plus que la tante Paulette lors des réunions de famille.

La cellule graisseuse, c'est un peu comme cette colocataire pot de colle qui promet de partir, mais qui finalement se contente de ranger ses chaussettes. Pendant cette phase que l'on appelle affectueusement « l'amaigrissement », notre petite amie la cellule vide ses placards, mais elle garde les clés de l'appart.

DE L'EAU À LA PLACE DE LA GRAISSE

Quand vous décidez de perdre du poids, la cellule met sa liposuccion interne en marche et dit *bye bye* aux graisses. **Mais comme la nature abhorre le vide et que votre corps est un peu parano sur les bords, il remplit cet espace avec de l'eau**. C'est son plan B, au cas où vous craqueriez devant une pizza quatre fromages avec son supplément champignons (pour vous donner bonne conscience). C'est là que ça devient cocasse : vous vous affamez en mangeant des quinoa bowls, mais votre balance joue les divas et refuse de vous montrer les résultats. Patience ! Elle attend que l'eau prenne ses cliques et ses claques pour laisser la cellule rapetisser tranquillou.

Nos chères cellules graisseuses ne disparaissent jamais vraiment. Elles se mettent en veille tel votre ordinateur quand vous partez en pause-café. Mais en faisant preuve de persévérance, et armée d'une patience digne d'un moine tibétain, vous finirez par les convaincre de se serrer la ceinture. La cellule prendra alors sa nouvelle taille de guêpe (ou de bourdon, on ne juge pas), et là, miracle ! Les centimètres se perdent, la balance flirte avec vous, et vous pouvez enfin rentrer dans ce jean qui vous narguait depuis l'étagère.

MON CONSEIL

Arrêtez de vous peser aussi souvent que l'on vérifie Instagram. Optez plutôt pour un petit tête-à-tête avec votre balance tous les 15 jours ; c'est juste assez pour lui manquer et revenir plus forte. Rassurez-vous, elle ne vous aura pas oubliée, la bougresse. Et souvenez-vous que si votre balance n'affiche pas des chiffres aussi bas qu'espéré, ce n'est pas un drame. Votre corps joue peut-être à cache-cache avec une rétention d'eau dans vos adorables cellules graisseuses. Patience, l'eau finira par déserter l'espace comme un invité poli qui comprend qu'il est temps de partir après une soirée.

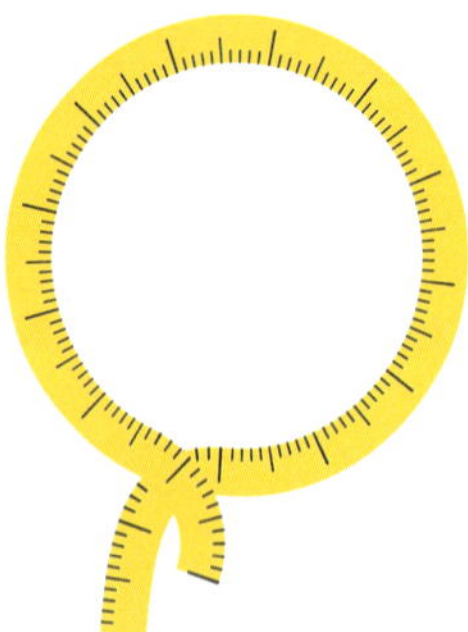

PATIENCE ET DÉTERMINATION

Moralité de l'histoire ? La perte des petits compagnons adipeux est un voyage semé d'embûches où l'humour est la meilleure des collations sans calorie. Allez les filles, on ne lâche rien, sauf les kilos superflus ! **Continuez à vous accrocher à vos bonnes habitudes** comme on s'accroche au dernier biscuit de la boîte – avec force mentale et détermination. Restez aussi persévérante et patiente qu'un chat guettant sa proie, et entraînez-vous à assimiler ces bons comportements qui un jour, je vous le promets, vous offriront la douce victoire d'être capable d'avoir une relation apaisée avec une tarte aux pommes sans le moindre remord !

SOUVENT, QUAND NOUS DÉCIDONS DE PERDRE DU POIDS, NOTRE ATTENTION SE CONCENTRE UNIQUEMENT SUR LA BALANCE. OBSÉDÉES PAR LES CHIFFRES, NOUS OUBLIONS DE METTRE EN PLACE DES COMPORTEMENTS SAINS ET DE CHOISIR DE BONNES HABITUDES ALIMENTAIRES. NOTRE RELATION AVEC LA BALANCE DEVIENT ÉMOTIONNELLE : NOUS L'ADORONS QUAND ELLE AFFICHE UNE BAISSE, MAIS NOUS LA DÉTESTONS QUAND ELLE STAGNE OU AUGMENTE.

UN P'TIT VERRE... D'EAU !

Pas soif, pas envie, je n'y pense pas, j'ai peur quand je sors de ne pas trouver les toilettes, si je bois la nuit ça me réveille, ça me ballonne, je n'aime pas... NON, NON, NON, les filles, ce sont de fausses excuses ! Si je vous proposais 1 million d'euros pour boire pendant 1 semaine vos 1,5 à 2 litres d'eau, ni une ni deux, vous seriez déjà toutes en train de boire au robinet !

Pourquoi ? Parce que cette proposition vous donne une raison valable pour changer de comportement. Alors laissez-moi vous donner quelques arguments pour faire de l'hydratation l'une de vos priorités.

DE L'EAU POUR UN FONCTIONNEMENT OPTIMAL

Cela fait des années que vous ne buvez pas votre quota d'eau et après tout, la machine semble bien fonctionner ? Je le répète : votre corps est une formidable machine capable de s'adapter... Je me suis souvent demandé de quoi sont composées nos cellules graisseuses ? De gras, certes, mais d'eau aussi. Finalement on a de quoi garantir des réserves d'eau !

Oui, mais **notre corps est composé de 65 à 70 % d'eau**. Et cette eau assure la bonne chimie interne de l'organisme. Or, on préfère assécher notre corps, on lui dit « débrouille-toi avec ce que je te donne » et on voudrait que tout fonctionne comme sur des roulettes ! Demain si on vous prend votre ordinateur pour une journée, une semaine, un mois, voire un an, vous allez bien sûr vous adapter, mais vous constaterez aussi que rien ne sera aussi facile qu'avec l'ordinateur. Avec cet outil, vous gagnez du temps, de l'efficacité, c'est confortable... C'est la même chose avec l'eau : quand nous buvons notre juste dose d'eau, le corps se comporte autrement. Notre état général et notre forme s'améliorent et la perte des kilos superflus est plus efficace.

« QUAND JE NE BOIS PAS, MON ORGANISME SOUFFRE ET MON CERVEAU DÉRAILLE. QUAND JE BOIS, JE PENSE À MOI, ET MON CORPS ADORE ÇA. »

LE SAVIEZ-VOUS ?

Selon le Dr Patrick Ritz, professeur en nutrition et spécialiste des maladies métaboliques, et selon l'Institut européen de l'hydratation (EHI), il existe une relation entre l'hydratation et les fonctions cognitives. Quand on manque d'eau :

- Temps de réaction : plus lent.
- Maîtrise gestuelle : moins bonne, erreurs fréquentes.
- Motivation et taux d'engagement : en baisse.
- Mémoire à court terme : en baisse (moins de lucidité).
- Sensation de fatigue : fréquente.

L'eau ne fait pas maigrir, mais elle contribue au bon fonctionnement de l'organisme afin de l'aider à déstocker quand on crée un déficit juste. En résumé : je mange ce qu'il faut et je bois pour arroser ça. Tchin tchin !

CRÉER LE RÉFLEXE HYDRATATION

Partons du principe que le progrès est votre objectif : l'idée est de trouver le moyen d'accroître progressivement votre consommation d'eau. Établissez un constat : je bois 3 verres d'eau par jour. À partir d'aujourd'hui, vous augmentez d'un verre supplémentaire par jour.

Regardons le résultat sur une semaine : 20 cl x 7 jours = +1,4 l. Pratiquement une grande bouteille d'eau en plus par semaine. Reportons cela sur l'année : 1,4 l x 52 semaines = presque 73 litres. Ça en fait des litres supplémentaires ! Un bain de jouvence pour votre corps et votre tête. Et si vous preniez deux verres de plus chaque jour ?!

Pour être une déesse de l'hydratation

J'ai éprouvé ces quelques astuces que je partage avec vous :

- Installez une alarme, une appli pour y penser ou réglez la sonnerie de votre téléphone en mode cascade d'eau ou fuite d'eau.
- Prenez une gourde avec une paille hyper facile et vous sirotez votre cocktail d'eau avec élégance.
- Ayez un verre d'eau rempli et une bouteille d'eau toujours en vue.
- Chaque fois que vous éliminez, filez, non sprintez, vers un point d'eau.
- Répartissez sur la journée : il est temps de planifier vos épisodes d'eau.
- Consommez de l'eau fraîche pour calmer le bouillonnement intérieur.
- Buvez un peu d'eau tiède ou chaude avec une rondelle de citron. Non, votre bouilloire n'est pas un spa, mais c'est tout comme.
- Aromatisez selon vos goûts : cannelle, vanille, feuilles froissées de menthe, basilic, thym citronné.
- Vous pouvez ajouter des comprimés tels que Waterdrop ou Hydratis.
- Donnez du sens pour mettre en place le réflexe et inventez un mantra motivant : « Bois ma cocotte et tu commenceras à te délester ! »
- Dites-vous que c'est une loi de l'univers non négociable. Sans eau, rien ne se passe.
- Entraînez-vous pour créer un automatisme : je vois un verre vide, j'ai soif.
- Faites des bouillons clairs pour un en-cas léger d'hydratation.

Que l'eau soit avec vous, chère nymphe de la mer !

MON ASTUCE

Voici une petite recette pour vous aider à créer le réflexe de boire davantage d'eau.

Dans une grande bouteille d'eau, faites infuser à froid un sachet de tisane de votre choix. Ajoutez-y 1 c. à s. de graines de chia. Laissez reposer 15 minutes. Buvez cet élixir dans la journée. De l'eau, des fibres, des omégas 3 et du goût !

« L'IDÉE EST DE PROGRESSER DANS VOS HABITUDES QUOTIDIENNES ET NON DE VOUS ENCHAÎNER À UNE FONTAINE PUBLIQUE. »

ET L'ALCOOL, *ON EN FAIT QUOI ?*

Je ne vais pas vous faire un exposé barbant sur le poids et l'alcool, mais laissez-moi vous ouvrir les yeux avec une petite prise de conscience amusante : vous partez en vacances entre amis ou en famille pendant 15 jours. Vous savourez ces moments festifs et joyeux en sirotant 3 verres de vin par jour. L'ambiance est au rendez-vous, vous profitez pleinement de votre séjour.

Maintenant, faisons un petit calcul : imaginez une moyenne de 20 cl par verre, multipliée par 15 jours. Quel résultat obtenez-vous ? *Roulement de tambour*... environ 9 litres de pinard engloutis ! Oui, oui, 9 litres ! Qu'en pensez-vous ?! Impressionnant sous cet angle, n'est-ce pas ?

AVEC MODÉRATION, BIEN SÛR

L'idée ici n'est pas de vous faire la morale, mais plutôt de prôner la modération pour rechercher le plaisir seulement, et non les désagréments pour la santé, la forme et le poids dus à l'excès de consommation. Charger régulièrement votre corps de cette molécule toxique qu'est l'alcool n'est vraiment pas une bonne pratique.

On sait toutes que l'alcool n'est pas bon pour la santé, mais je comprends celles qui veulent continuer à partager des moments conviviaux avec leurs amis ou leur famille. Souvenez-vous : c'est la quantité qui fait le poison. Alors je vous encourage à apprendre à profiter sans excès durant ces moments festifs.

MON ASTUCE

Alternez toujours un verre d'alcool avec deux verres d'eau. Ainsi vous aidez votre organisme à éliminer la molécule toxique. Pour donner un petit coup de pouce à votre foie, alimentez-le en eau, c'est une vraie usine à flotte !

PRISE DE CONSCIENCE

J'ai fait le calcul avec l'une de mes clientes qui me rapportait qu'en 10 jours de vacances, elle avait bu 10 petits verres de vin… En soi, le plus important était d'avoir réduit les quantités comparativement à ce qu'elle consommait avant. Mais mine de rien : 10 x 15 cl = 1,5 l. Même un petit verre, c'est beaucoup…

MISEZ SUR LE BIO

Personnellement, je ne bois pas d'alcool, mais je me pose souvent cette question : pour préserver la récolte du raisin et en faire le nectar des dieux, ne bombarde-t-on pas le fruit de pesticides tout au long de son mûrissement ? Je dis ça parce que je remarque que l'on veille à ce que notre pain, nos œufs, nos yaourts, nos légumes et nos fruits soient bios, mais **quand il s'agit de vin et de champagne, on ne fait pas la fine bouche, tout est permis !** Alors, la prochaine fois que vous trinquerez, pensez à tout ça avec un sourire, et pourquoi pas, **optez peut-être pour un petit verre de vin bio ?**

L'EAU MEILLEURE ALLIÉE POUR VOTRE FOIE QUE L'ALCOOL…

Saviez-vous que votre foie, lui, n'est pas vraiment fan de vos mojitos et spritz ?

« UNE SEULE RÈGLE : ON NE S'HYDRATE PAS AVEC L'ALCOOL. IL EST ESSENTIEL DE NE PAS CONFONDRE LA SOIF ET LE PLAISIR. »

Pas de déstockage de graisses pendant 48 heures. Oui, c'est frustrant, mais chaque verre d'alcool équivaut à dire : « On fait une pause sur la perte de poids, on verra ça plus tard ! » Donc, champagne ou ventre plat ? À vous de choisir…1 verre d'alcool = 2/3 verres d'eau. Pour sauver votre foie qui, sous vos rires joyeux, crie en coulisses « donnez-moi de l'eau, pitié ! », l'eau est votre meilleure alliée. Chaque gorgée d'eau, c'est un petit bain détox pour votre foie qui s'affaire à nettoyer votre nouveau cocktail. « Molécule toxique, édition limitée ». Alors, trinquez, mais pensez à votre foie.

PASSE-MOI LE SEL (OU PAS !)

J'ai tout bien fait et pourtant rien ne bouge ?! Quand il nous semble que les kilos résistent, il faut explorer toutes les pistes pour comprendre ce qui peut freiner la perte de poids. Mettons le focus sur le sel... Et pour cela, je vous raconte une anecdote.

L'été dernier, nous sommes partis en Italie avec mon chéri. Après une journée avec quelque 800 bornes dans les pattes, nous nous sommes retrouvés le soir dans une super pizzeria près de la cathédrale Duomo de Milan. Mon mari a commandé une pizza quatre fromages et moi une Regina. Les pizzas ont été servies, magnifiques, de quoi avoir les yeux remplis de gourmandise. Nous avons commencé à les déguster et nous avons été surpris de constater qu'elles étaient particulièrement salées. Nous avions la sensation qu'il devait y avoir 1/4 de sel de Guérande, 1/4 de sel de l'Himalaya, 1/4 de sel fin et 1/4 de sel vert d'Hawaï. **Bref, une pizza aux quatre sels et non aux quatre fromages !** Mon mari m'a lancé d'un ton humoristique : « Chérie, ça va être compliqué de dessaler car là, je sens déjà mon corps qui gonfle ! » Aucun risque de perdre ses bagues avec ces pizzas aussi salées ! Qu'est-ce qu'on a ri ! Rien que d'évoquer ce souvenir joyeux, j'en souris encore.

« JE PORTE MON ATTENTION SUR MA CONSOMMATION DE SEL POUR PRÉSERVER MA SANTÉ ET ÉVITER LA RÉTENTION D'EAU. »

ÉVITER LA SURDOSE

Une des pistes à identifier pour prévenir la démotivation lors d'un parcours d'amincissement est une consommation quotidienne excessive de sodium. Les recommandations de l'OMS sont de 3 500 mg par jour. Or je remarque que nous sommes très souvent au-dessus du taux recommandé.

Portez votre attention sur cette donnée. Le sodium est indispensable, mais en dose limitée. Car le sel en surdose n'est pas le meilleur ami de nos artères. Demandez à votre médecin les contre-indications d'une alimentation trop riche en sel...

L'idée est de prendre du recul sur une perte de poids capricieuse. Car nous savons combien le fait de voir du plus sur la balance a un impact négatif sur nos comportements et notre motivation. Alors tant que vous n'avez pas mangé l'équivalent de 8 000 kcal supplémentaires à vos besoins, vous n'avez pas grossi. C'est compris mes chéries ?!

Si ce sont des kilos d'eau, laissez-les passer la douane à leur rythme juste après la fouille. Attendez un peu et le corps saura les éliminer progressivement. Laissez du temps à votre corps au lieu de le maudire. Ça n'est pas vous la cheffe de douane. On se détend et demain est un autre jour.

Comment je détecte si j'ai abusé sur la salière ?

- J'ai soif, soif, soif : un désert dans ma bouche !
- Je suis gonflée au niveau du visage tel un ballon de baudruche.
- Mes bagues se transforment en menottes trop serrées.
- L'élastique de mes chaussettes fait office de garrot.
- La balance affiche un mensonge de plus, non justifié.

Et vous, quels sont les signaux des kilos fantômes ?

AVIS AUX ADEPTES DE LA SALIÈRE COMPULSIVE ! SAVIEZ-VOUS QUE VOS CELLULES FONCTIONNENT COMME DES PETITS ORDINATEURS ULTRAPERFORMANTS ? MAIS ATTENTION, SI VOUS LES NOYEZ DANS UNE MER DE SEL, ELLES COMMENCENT À « PLANTER » COMME UN VIEUX WINDOWS 98.

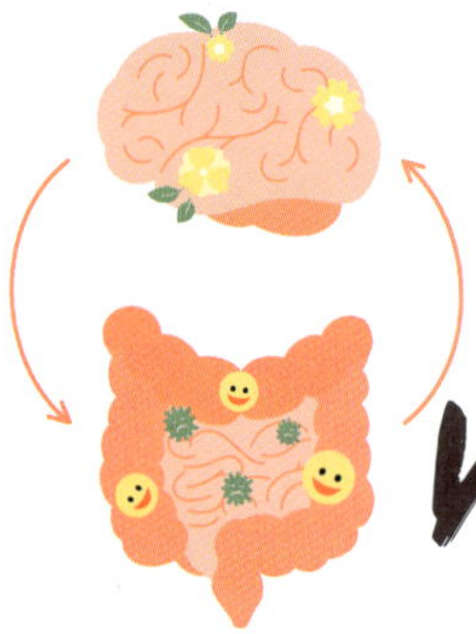

SOIGNEZ VOTRE INTÉRIEUR

Prendre soin de soi, ce n'est pas seulement soigner son look et avoir une apparence impeccable. Non, non, on parle aussi de bichonner son système interne, parce que sans lui, on est bien mal barré ! Imaginez que votre corps est comme une équipe de super-héros : le cœur, les poumons, les intestins, la peau, les cellules, les os, le cerveau, le foie, le pancréas, les reins, les hormones et les neurones… tout ce petit monde travaille d'arrache-pied pour vous garder en forme.

Mais attention, si cette équipe se met à bouder, remettre tout ce beau monde sur pied peut relever du miracle ! Oui, on peut toujours réparer les dégâts, mais ça demande du temps (et beaucoup de patience). Réviser votre « moteur interne » peut s'avérer être un voyage au long cours, alors pas de précipitation ! L'important, c'est de veiller en permanence à votre bien-être intérieur, comme un bon chef d'orchestre qui fait attention à ce que chaque instrument joue parfaitement sa partition.

« CHÉRISSEZ VOTRE INTÉRIEUR AUTANT QUE VOTRE EXTÉRIEUR… APRÈS TOUT, NOS SUPER-HÉROS INTERNES LE MÉRITENT BIEN ! »

LES INDISPENSABLES POUR UN INTESTIN EN FORME

L'intestin grêle mérite qu'on le chouchoute comme une star de cinéma. Merci Netflix pour ce documentaire[1] incroyable sur notre système digestif ! Voici les secrets d'un intestin au top de sa forme :

➡ Protéger la muqueuse avec des fibres

Pour éviter un microbiome en mode « fra-

1. *À l'écoute du ventre*, par Anjali Nayar : des experts explorent le lien entre l'alimentation, la santé intestinale et le bien-être en général.

gilisé », il faut protéger la muqueuse de l'intestin grêle avec... des fibres ! Oui, ces petites merveilles alimentaires sont comme des gardes du corps qui repoussent les attaques bactériennes. Et nos bons microbes, eux aussi, sont fans de fibres. Sans elles, ils disparaissent comme par magie. Donc mettez des fibres dans vos assiettes et tout le monde sera content, même les bactéries.

Activer le mode progressif

Attention, passer du burger-frites à la salade de chou kale du jour au lendemain peut être un choc pour votre organisme. Il faut un peu de temps pour que votre corps s'adapte à une alimentation plus saine et plus riche en fibres. Donc allez-y mollo et introduisez les légumes, les aliments complets, les légumineuses et les fruits progressivement pour éviter les dégâts digestifs.

Les bactéries coupe-faim... et autres astuces

Saviez-vous qu'il existe des bactéries coupe-faim ? Oui, elles sont là pour vous aider à gérer vos envies. Pour en profiter, il est recommandé d'inclure une moyenne de 1,4 kg de fruits et 2,8 kg de légumes dans votre alimentation chaque semaine. Et quel est le meilleur fruit pour l'intestin ? Le kiwi, bien sûr ! Transit activé à 100 % !

LA VARIATION DE VOTRE ALIMENTATION, C'EST COMME UN BUFFET À VOLONTÉ POUR VOS BONNES BACTÉRIES, ELLES ADORENT ÇA ! IL PARAÎT QU'IL FAUT ENTRE 9 À 12 MOIS POUR REPROGRAMMER CORRECTEMENT LA FLORE INTESTINALE. ALLEZ, ON Y VA DOUCEMENT, MAIS SÛREMENT !

Le sucre et les bactéries : une histoire compliquée

Si vous êtes fan de sucre, sachez que vous nourrissez en fait les bactéries gourmandes en sucre. Malheureusement, cela oblige votre corps à stocker cet excès, ce qui peut le stresser. Consommer régulièrement des produits riches en sucre simple peut réduire la variété de bactéries dans votre microbiome. Alors, modération est le maître mot !

L'astuce qui calme la pompe à gras : **le meilleur antidote au sucre rapide est un apport systématique d'aliments riches en fibres !**

Les bactéries raffolent aussi du gras

De la même manière, si vous aimez les aliments gras de mauvaise qualité, vous nourrissez les bactéries qui adorent le gras. Pour éviter de toujours favoriser les mêmes types de bactéries, diversifiez votre apport en matière grasse de bonne qualité. Soyez fan des oméga 3 (petits poissons gras et bonnes huiles à froid).

UN GRAIN DE SABLE DANS LA MACHINE PARASITE LE SYSTÈME. METTEZ DU SUCRE DANS LE RÉSERVOIR D'ESSENCE D'UNE VOITURE ET ELLE NE FONCTIONNERA PLUS !
LE FOIE, LE SYSTÈME LYMPHATIQUE, LES REINS, LE SYSTÈME DIGESTIF TRAVAILLENT ENSEMBLE.

- LE FOIE A BESOIN D'EAU SUPPLÉMENTAIRE QUAND VOUS BUVEZ DE L'ALCOOL.
- LE SYSTÈME LYMPHATIQUE A BESOIN DE MOUVEMENT POUR ÉVACUER LES DÉCHETS.
- LES REINS ONT BESOIN D'EAU ET PAS QUE DE CAFÉ.
- LE SYSTÈME DIGESTIF A BESOIN DE VARIÉTÉ, DE FIBRES, DE PRODUITS FRAIS, DE GRANDS ET DE PETITS NUTRIMENTS, D'ÊTRE PRÉSERVÉ, DE REPOS ET D'ÉCOUTE.

Alors, prête à donner un coup de pouce à votre intestin grêle et à ses fidèles acolytes microbiens ? N'oubliez pas : de la variété, un équilibre des nutriments, des fibres régulières, de l'eau et un brin de patience sont les clés du succès. À votre santé !

Comment favoriser la digestion ?

Voici quelques conseils simples pour améliorer votre digestion et votre relation avec la nourriture :

- **Apprenez à reconnaître les signaux de votre corps** pour manger de manière équilibrée et avec des portions adaptées.
- **Prenez le temps d'apprécier chaque bouchée**, en diversifiant vos choix alimentaires autant que possible. Le meilleur est dans la bouche ; une fois passé le gosier, cela n'a plus la même saveur.
- **Traitez votre corps avec soin et considération**, car c'est votre bien le plus précieux. Vous êtes un trésor à vous toute seule.
- **Favorisez une flore intestinale diversifiée** pour un intestin plus résilient.
- **Écoutez-vous et notez comment vous vous sentez 2 heures après avoir mangé** ; vos sensations sont des indicateurs importants.
- **Réduisez la consommation d'aliments qui nourrissent toujours les mêmes bactéries**, d'autant plus si elles sont néfastes à votre santé.
- **N'oubliez pas d'inclure des fibres dans votre régime** pour stimuler une digestion saine et protéger la muqueuse de vos intestins.
- **Appréciez pleinement l'acte de manger**. On ne jette pas la nourriture dans sa bouche, on ralentit et on savoure.

LES 6 FONDAMENTAUX *POUR BIEN MANGER*

1. PRENDRE SOIN DE SON ASSIETTE

Prêtez attention à votre équilibre alimentaire. Choisissez des aliments de qualité, optez pour un minimum de produits transformés et une majorité de produits frais. Manger bon et sain apportera à votre corps un bien-être indispensable et non négligeable.

2. ZÉRO PRIVATION SUR LES NUTRIMENTS DE BASE

Un équilibre régulier dans l'assiette s'avère primordial pour aider votre organisme à fonctionner de façon optimale. Les légumes, les protéines, les féculents, les matières grasses, les fruits, les laitages et l'eau composent cet équilibre alimentaire, avec du plaisir en prime.

3. ÊTRE À L'ÉCOUTE DE SES BESOINS

Mangez quand vous avez faim. Dans ces moments-là, pas besoin de raisonner, vous avez un pass spécial immunité (vous ne grossissez pas). En revanche, dès que votre estomac ne crie plus famine, sortez de table. Adaptez les portions à vos besoins et non aux quantités restantes dans le plat. Attendez 4 heures entre chaque prise alimentaire. Il s'agit de retrouver les signaux de satiété du corps.

4. S'HYDRATER SUFFISAMMENT

Buvez de l'eau plate ou de la tisane quotidiennement à intervalles réguliers. Boire 2 litres par jour me semble être un bon réflexe. Avancez progressivement. Ajoutez tranquillement 1 verre supplémentaire tous les 3 jours.

5. MONTER SUR LA BALANCE TOUS LES 15 JOURS

Pourquoi ? Afin de vous concentrer sur vos comportements et non sur les résultats. Apaisez votre relation avec la balance pour éviter la peur, le doute et le stress à chaque pesée. Ça vous semble impossible ? Faites-moi confiance, c'est la base de toute réussite. Et je suis sympa : je vous laisse monter dessus tous les 15 jours !

6. LIMITER L'ALCOOL

Pour des résultats réguliers, évitez le plus possible l'alcool. Car après chaque prise d'alcool, l'organisme bloque pendant 48 heures la perte de poids. Balise anti-lipolyse. Pourquoi ? Le corps se mobilise pour nettoyer la molécule toxique qui devient sa priorité. Vous ne pouvez pas tout faire en même temps, votre organisme non plus.

Les héroïnes
RÉSILIENCE MINCEUR

JASMINE, 59 ANS, A PERDU 9 KG
sur les 10 souhaités en 6 mois.

Jasmine est une femme extraordinaire, pleine de courage, d'amour et de bienveillance. À chaque séance en tête-à-tête, je me disais : « Si le monde était rempli de personnes comme elle, nous serions tous heureux. »

Jasmine a choisi de rejoindre Résilience Minceur pour bénéficier d'un groupe de soutien composé d'autres femmes. Elle ne voulait pas affronter son parcours seule. Son objectif : vivre le plus longtemps possible pour prendre soin de sa famille et veiller à sa santé.

COMMENT AVONS-NOUS ABORDÉ SON PARCOURS MINCEUR ?

Voici ce qu'ensemble nous avons mis en place avec Jasmine.

- Augmentation de la consommation de protéines : des conseils pour consommer juste ce qu'il faut.
- Petit déjeuner renforcé : des idées de recettes pour un petit déjeuner plus copieux.
- Autorisation du pain : oui, on peut se permettre tous les pains tout en gardant ses objectifs.
- Alimentation équilibrée : continuer à manger ce que l'on aime, intégrer plus de fibres.
- Plaisir et positivisme : apprendre à se faire plaisir et à trouver des collations sympathiques.

- **Changement de perspective :** sortir de la peur et des regrets, envisager la vie sous un autre angle.
- **Amélioration du transit :** plusieurs astuces pour faciliter la digestion (le pouvoir des fibres!).
- **Joie et douceur :** mettre de la joie dans chaque action, se traiter avec des mots doux.
- **Sortir de la culpabilité :** se libérer des sentiments de culpabilité.
- **Valorisation personnelle :** installer le positivisme, se considérer et se ménager.

LES RÉSULTATS

Je suis impressionnée par la force et les ressources de Jasmine. Bravo à elle pour sa réussite ! Gardez en tête que se dire des mots doux comme « ma chérie », « ma louloute », « ma douce », « ma championne » en parlant de soi est une idée de génie.

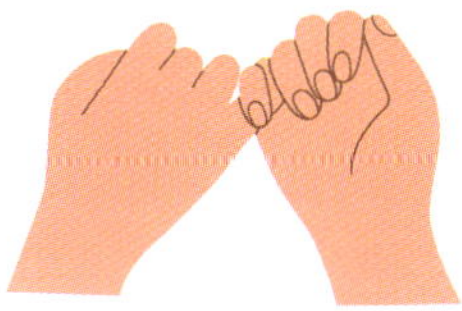

Les héroïnes
RÉSILIENCE MINCEUR

À 63 ANS, ELSA, NOTRE REINE DES NEIGES,
a réussi un exploit : perdre 7 kg en 3 mois.

Cette femme dynamique est une source d'inspiration infinie. Toujours partante, motivée et positive, Elsa est une vraie meneuse au sein du groupe.

Au début de l'aventure, Elsa avait un objectif clair : mettre fin à son combat perpétuel contre les kilos superflus. Elle souhaitait retrouver la sérénité d'esprit, se sentir bien dans ses baskets, être en forme et ne plus avoir ces kilos encombrants à gérer au quotidien. Elle rêvait de pouvoir enfiler des vêtements sans se sentir serrée et de cesser de penser constamment aux conséquences de chaque bouchée.

Après de nombreuses tentatives infructueuses, Elsa voulait en finir avec les « non, tu ne devrais pas » et la culpabilité. Elle cherchait à répondre différemment au stress, à l'ennui et au sentiment de rejet. Elle voulait nourrir sa motivation quand elle était prête à baisser les bras et stabiliser son poids en fin de parcours. Elsa avait besoin d'informations pratiques pour tourner définitivement la page du surpoids.

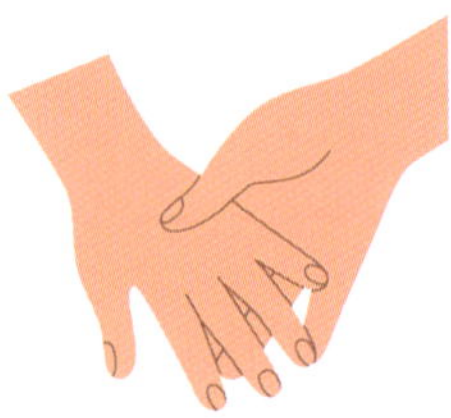

COMMENT AVONS-NOUS ABORDÉ SON PARCOURS MINCEUR ?

Mon accompagnement avec Elsa avait pour but de la rassurer. Tout allait bien. Nous avons pris le temps d'installer de bons comportements, de trouver ensemble des solutions viables et durables.

Nous avons travaillé sur la confiance en soi, la compréhension des émotions et la prise de décisions pour soi-même.

Ensemble, nous avons planifié une alimentation riche en fibres, amélioré son hydratation en répartissant ses prises et respecté son besoin de récupération par le sommeil.

Nous avons aussi augmenté l'apaisement et le retour au calme de son organisme, et éliminé la peur d'avoir faim. Enfin, nous avons travaillé sur ses pensées négatives.

LES RÉSULTATS

Après notre travail ensemble, Elsa n'avait plus envie de grignoter. Elle se sentait rassasiée après les repas, mangeait plus qu'avant, et son comportement alimentaire en famille avait changé. Elle a appris à rebondir, à se déshabituer du sucre, à faire des choix et à ne plus être dans le dilemme. Elle se sentait bien et alignée, mangeant enfin plus de féculents et de protéines.

Merci à Elsa pour sa détermination et sa motivation exemplaires. Bravo pour ce résultat impressionnant ! Nous sommes sur le bon chemin pour stabiliser son poids.

Mon carnet alimentation

DES IDÉES POUR COMPOSER MES REPAS

UN BON PETIT DÉJEUNER

Un bon petit déjeuner, c'est la clé pour attaquer la journée comme une super-héroïne.

En voici les avantages :

- **Énergie et motivation :** vous êtes prête à conquérir le monde avant même que votre ordinateur ait démarré.
- **Boost cognitif :** parce que vous avez besoin d'être au top pour battre votre record de sudoku.
- **Satiété jusqu'à midi :** pas de ventre qui gargouille pendant la réunion Zoom.
- **Anti-fringales sucrées :** c'est fini les envies de biscuit en sortant du travail à 18 heures !
- **Apport en nutriments :** votre corps mérite le meilleur après une nuit de jeûne.
- **Réhydratation :** parce que le café, c'est bien, mais l'eau c'est mieux.

Et pour un super petit déjeuner, vous vous souvenez : **on fait le plein de protéines et de fibres et on pense à s'hydrater !**

Demain est une nouvelle occasion de reprendre le chemin du petit déjeuner ! Et si vous en faisiez votre nouveau challenge ?

Je vous propose cette variété de menus pour vous aider.

Idées de petits déjeuners, faites votre choix !

- 1 fruit, 3 noix, 1 yaourt, 60 g de pain complet, 70 g de jambon réduit en sel
= 26 g de protéines pures et 6 g de fibres pour 417 kcal.
- 100 g de compote, 5 g de chia, 100 g de skyr, 50 g de pain de seigle, 50 g de camembert
= 25 g de protéines pures, 6 g de fibres pour 393 kcal.
- 50 g de chèvre, 50 g de pain complet, 100 g de fraises, 100 g de fromage blanc
= 40 g de protéines, 13 g de fibres pour 364 kcal.
- 100 ml de kéfir, 2 noix du Brésil, 125 g de framboises, 1 œuf coque, 30 g de pain au maïs
= 13 g de protéines, 9 g de fibres pour 324 kcal.
- 1 clémentine, 1 yaourt, 60 g de poulet, 40 g de pain, 2 c. à c. de moutarde
= 28 g de protéines, 5 g de fibres pour 375 kcal.
- 1 kiwi, 2 petits-suisses, 30 g de gruyère, 30 g de pain
= 23 g de protéines, 4 g de fibres pour 396 kcal.
- 1 banane, 100 g de cottage cheese, 50 g de pain complet, 30 g d'avocat
= 18 g de protéines, 7 g de fibres pour 367 kcal.
- 50 g de saumon fumé, 60 g de pain de seigle, 80 g d'avocat, 1 pomme moyenne
= 36 g de protéines, 17 g de fibres pour 482 kcal.
- 20 g de flocons d'avoine, 100 ml de boisson végétale avoine, 2 pruneaux, 50 g de pain de seigle, 6 tranches de viande des grisons
= 28 g de protéines pures, 6 g de fibres pour 387 kcal.
- 200 ml de lait amande, 15 g de cacao non sucré, une barre de 55 g, 125 g de myrtilles
= 44 g de protéines, 13 g de fibres pour 385 kcal.
- 1 yaourt, 1 clémentine, 40 g de flocons d'avoine, 5 g de graines de chia
= 29 g de protéines, 14 g de fibres pour 266 kcal.

- 1 œuf (façon omelette), 1 c. à c. d'huile, 20 g de jambon, 2 champignons, 60 g de pain au maïs
= 36 g de protéines, 8 g de fibres pour 289 kcal.

- 1 part de flan de boulangerie, 100 g d'ananas frais
= 25 g de protéines, 9 g de fibres pour 352 kcal.

- 1 œuf dur, 100 g de carottes, 1 c. à c. d'huile de chanvre, 1 pêche, 30 g de pain de seigle
= 28 g de protéines, 10 g de fibres pour 235 kcal.

- 2 prunes, 50 g de pain aux graines, 40 g de comté
= 36 g de protéines, 12 g de fibres pour 347 kcal.

- 2 tranches de pain de mie, 2 feuilles de salade, 2 tranches de jambon, des rondelles de concombre ou tomate (pour un sandwich), 100 g de raisin
= 35 g de protéines, 11 g de fibres pour 286 kcal.

- 70 g de pain de mie complet, 50 g de sardines, 5 g de jus de citron, 1 compote sans sucre
= 37 g de protéines, 14 g de fibres pour 369 kcal.

- 50 g de pain aux graines, 5 g de beurre, 50 g de bresaola, 150 g de mangue
= 40 g de protéines, 13 g de fibres pour 362 kcal.

- 20 g de noix de coco, 1 yaourt, 30 g de porridge, 100 ml de boisson végétale de soja
= 33 g de protéines, 15 g de fibres pour 356 kcal.

- 1 gâteau aux pommes (120 g)
= 24 g de protéines, 9 g de fibres pour 254 kcal.

- 2 crêpes de 10 cm de diamètre, 1 compote de pommes sans sucre
= 23 g de protéines, 9 g de fibres pour 233 kcal.

- 2 gaufres en mélangeant : 50 g de skyr, 50 g de compote, 1 c. à c. de bicarbonate alimentaire, 60 g de farine, 1 œuf, vanille (pour la pâte à gaufre), 1 c. à c. d'huile pour le gaufrier
= 35 g de protéines, 10 g de fibres pour 389 kcal.

L'IMPORTANCE D'UN DÉJEUNER ET D'UN DÎNER ÉQUILIBRÉS

Ah, le déjeuner et le dîner, ces moments sacrés où votre estomac essaie de vous convaincre que vous êtes en train de mourir de faim... et qu'il est impératif d'engloutir un festin ! Heureusement, quelques astuces existent pour éviter de se jeter sur la nourriture tel un hamster stressé sur sa roue.

- **Évitez les fringales** : imaginez les fibres et les féculents comme les bouées de sauvetage qui évitent la faim. En plus, rien de tel qu'une bonne dose de fibres pour ressentir la plénitude !
- **Du volume, du volume et encore du volume** ! Rassurez votre cerveau, vous n'allez pas mourir de faim !
- **Pour garder une forme olympique** : votre mission, si vous l'acceptez, est de ne pas avoir faim ni la journée ni la nuit.
- **Manger plus pour vivre plus** : en cas de doute, souvenez-vous que 1100 calories par jour, c'est parfait si vous êtes un enfant de 2 ans...
- **Alimentez votre cerveau** : rien de tel que des nutriments essentiels pour que votre esprit reste brillant et vif, comme lors de votre premier café du matin.
- **La belle vie** : en mangeant bien, vous savourez votre journée.
- **Rassurez votre cerveau** : oui, vous pouvez manger ! Et non, sauter des repas n'a jamais fait disparaître les kilos !
- **Cuisiner, c'est gagner** : rappelez-vous que vous réconcilier avec la casserole pour équilibrer vos plats n'est rien d'autre qu'une manière de vous offrir un repas cinq étoiles, donc encore plus de plaisir ! L'idéal est de cuisiner vous-même des produits frais pour maximiser votre plaisir gustatif et votre bien-être.

Voici donc quelques idées de menus express. Ce sont des exemples faciles à mettre en place pour simplifier l'organisation des repas au quotidien. Pas d'obligation, que des propositions ! À vous de les modifier selon vos envies.

Idées de déjeuners, faites votre choix !

- 140 g de thon frais, du citron, de l'échalote, 100 g de cœurs d'artichauts, 10 ml de vinaigre balsamique et d'huile d'olive, 120 g de semoule cuite, 1 poire (180 g)
  = 34 g de protéines, 10 g de fibres pour 615 kcal.

- 150 g de jambon blanc, 10 olives, 60 g de pâtes (poids cru), 200 g de champignons, 100 g de sauce tomate
  = 50 g de protéines, 7 g de fibres (si pâtes complètes : + 3 g) pour 527 kcal.

- 300 g de ratatouille, 2 œufs au plat, 100 g de lentilles corail cuites, 1 c. à s. de vinaigrette (pour la salade de lentilles)
  = 24 g de protéines, 14 g de fibres pour 500 kcal.

- 250 g de pommes de terre vapeur, 250 g de haricots verts, 150 g de steak cuit, 1 kiwi
  = 42 g de protéines, 14 g de fibres pour 539 kcal.

- 150 g de pommes de terre sautées dans 1 c. à s. d'huile, 250 g de brocoli, 1 steak végétal « le gourmand », 100 g de cerises
  = 31 g de protéines, 16 g de fibres pour 500 kcal.

- 200 g de crevettes, 200 g de poireaux, ½ c. à c. de curry, 1 c. à s. de crème entière, 150 g de riz sauvage cuit
  = 56 g de protéines, 6 g de fibres pour 639 kcal.

- 150 g de moules marinières (décortiquées), 100 g de frites de patates douces, 300 g de laitue, 1 pamplemousse, 1 c. à s. de vinaigrette
  = 34 g de protéines, 10 g de fibres pour 511 kcal.

- 200 g de pâtes cuites, 100 g de blanc de poulet/dinde cuit, 150 g de courgettes en dés crues, 30 g de parmesan, 200 g de myrtilles
  = 45 g de protéines, 9 g de fibres pour 594 kcal.

- 90 g de saumon fumé, 150 g de semoule (ou quinoa), 200 g de courgettes, 2 c. à c. d'huile, 1 échalote, 100 g de banane, 60 g de petit-suisse
  = 36 g de protéines, 7 g de fibres pour 625 kcal.

- 10 asperges, 1 c. à s. de vinaigrette, 100 g de saucisse, 100 g de lentilles corail, 200 g de pastèque
  = 30 g de protéines, 12 g de fibres pour 539 kcal.

- 300 g de jardinière, 100 g de tournedos, 200 g de melon
  = 29 g de protéines, 10 g de fibres pour 430 kcal.

Idées de dîners, faites votre choix !

- 100 g de lentilles corail cuites, 100 g de riz cuit, 200 g de carottes râpées, 100 g de tomates cerises, 1 oignon rouge, 1 c. à s. de vinaigrette
  = 13 g de protéines, 13 g de fibres pour 460 kcal.
- 100 g de poisson gras (maquereau...), 60 g de riz sauvage (poids cru), 1 poivron, 100 g de mâche, 1 c. à s. de vinaigrette, 100 g de framboises
  = 26 g de protéines, 9 g de fibres pour 541 kcal.
- 100 g de sardines sans huile, ½ oignon, 150 g de pommes de terre vapeur, 1 c. à s. de vinaigre balsamique, 150 g de frites de patates douces rôties avec 10 g d'huile
  = 24 g de protéines, 9 g de fibres pour 553 kcal.
- 200 g de carottes râpées, 1 c. à s. de vinaigrette, 50 g de feta, 150 g de maïs, 100 g de fraises, 100 g de fromage blanc
  = 32 g de protéines, 12 g de fibres pour 524 kcal.
- 200 g de riz cuit, 150 g de jambon blanc, 3 gros cornichons, 2 tomates, 150 g de fenouil, 1 c. à s. de vinaigrette
  = 44 g de protéines, 11 g de fibres pour 596 kcal.
- 200 g de petits pois, 200 g de potiron (surgelé), 50 ml de lait de coco, 1 oignon rouge, 100 g de saumon cuit
  = 35 g de protéines, 17 g de fibres pour 522 kcal.
- 300 ml de velouté de potimarron, 200 g de frites de patates douces, 2 œufs durs, 2 c. à c. d'huile, 200 g de fraises
  = 17 g de protéines, 15 g de fibres pour 551 kcal.
- 250 g de choux de Bruxelles, 100 g de tofu fumé, 30 g de fromage râpé, 1 c. à s. de crème, 120 g de quinoa cuit, 100 g de framboises
  = 44 g de protéines, 23 g de fibres pour 660 kcal.
- 200 g de radis, 130 g de houmous, 150 g de pêche, 1 yaourt
  = 17 g de protéines, 12 g de fibres pour 528 kcal.

Vers un nouveau mode de vie

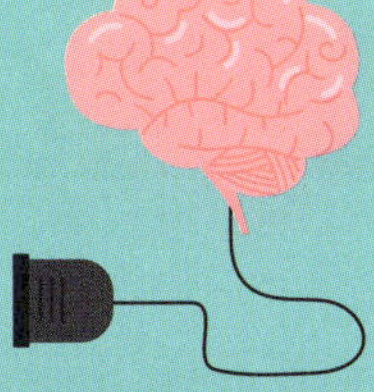

Il est temps de sortir du mode avion où rien ne se passe pour activer votre pouvoir personnel et reprendre la main sur l'une des choses qui vous tient le plus à cœur aujourd'hui : retrouver une image qui vous correspond et qui représente la femme que vous êtes au fond de vous. Celle que vous allez apprendre à aimer, à chouchouter et à valoriser.

Quels comportements souhaitez-vous modifier ? Quelles nouvelles habitudes voulez-vous prendre ? Quelles nouvelles perspectives allez-vous adopter ?

Au lieu de succomber à l'élan du « tant pis, c'est raté », trouvons ensemble un équilibre, permettant à la fois de savourer les plaisirs de la vie et de rester alignée avec vos aspirations les plus profondes. La perfection n'est pas l'objectif ; l'important est de ne jamais cesser d'essayer. Tant que vous persévérez, vous êtes en chemin vers la réalisation de vos rêves.

LA FORCE DU CHANGEMENT

Changer, c'est montrer que l'on a la force intérieure d'une battante. Dès que vous comprenez que certains de vos automatismes et comportements sont aussi utiles qu'un grille-pain sans gril, vous commencez à détecter ces schémas répétitifs qui mènent à l'auto-sabotage.

Pourquoi refait-on toujours les mêmes choses ? Parce que notre cerveau est un flemmard de compétition ! Il aime la facilité. Pourquoi se compliquer la vie quand on peut faire simple ? Vous avez déjà remarqué que vous prenez toujours le même chemin pour aller à la boulangerie ? Il est plus rapide et surtout, il mène direct à votre croissant préféré.

PRENDRE UN NOUVEAU CHEMIN

Choisir un nouveau chemin demande de prendre une décision différente, de se dire que « oui, ce pain-là est vraiment meilleur » et de garder cette constance pour créer un nouveau chemin neuronal. **Bref, c'est comme installer une nouvelle application sur votre téléphone. Au début, c'est pénible, mais après, c'est automatique.**

Notre cerveau, lui, préfère prendre le chemin habituel, le bon vieux sentier battu, plutôt que d'en créer un nouveau qui, lui, exige plus d'effort et de conscience. En gros, il est comme nous devant un site marchand : il préfère regarder pour la énième fois la même boutique en ligne plutôt que de se lancer dans quelque chose de nouveau qui complique la commande.

Alors, prête à amorcer ce changement et à devenir la super-héroïne de votre propre vie ? Allez, **on troque le chemin habituel pour un sentier d'aventure** et on montre à notre cerveau qui est la patronne !

Mes petites habitudes

Le changement commence par la réflexion et la prise de conscience de vos habitudes. Voici les miennes :

- Je conserve toujours mon pain de seigle tranché au réfrigérateur pour prolonger sa durée de vie.
- Je congèle mes mousses au chocolat.

- J'étale du miel de qualité sur du pain de seigle.
- Je mange le fromage blanc à 20 % sur un lit de compote sans les mélanger.
- Je mets des amandes effilées dans différentes préparations.
- Je dépose une ligne de pâte à tartiner dans mes crêpes.
- J'achète du sucre riche en fibres tel le rapadura.
- Je suis une adepte de la grenade : très longue à manger et bourrée d'antioxydants.

Écrivez vos actions afin de vous aider à prioriser et à faire le point sur ce que vous souhaitez garder ou changer :

....

....

....

....

....

....

....

....

DES IMPULSIONS POUR LE CHANGEMENT

Rompez avec la routine

Aussi confortable qu'elle puisse être, la routine peut devenir ennuyante. Sortez de votre zone de confort pour découvrir de nouvelles choses, vous sentir vivante et ouvrir le champ des possibles. Essayez de nouveaux aliments, variez vos petits déjeuners, testez une nouvelle recette, organisez un pique-nique équilibré, changez d'activité sportive ou adoptez des horaires de sommeil plus raisonnables.

Adoptez des petits changements

Changez votre chaise pour le repas ou pour regarder la télévision, remplacez votre écran d'accueil par une image motivante ou modifiez votre message vocal avec une touche de gaîté. Personnellement, j'ai acheté un ballon de posture pour télétravailler, ce qui m'aide à maintenir une bonne position.

Créez-vous des souvenirs

Notez vos réflexions dans un journal intime pour prendre conscience de vos comportements et identifier les domaines où vous pouvez apporter du changement. Sortez prendre un café avec votre meilleur(e) ami(e), achetez de nouvelles assiettes ou explorez les brocantes pour dénicher des objets uniques. Moi, je suis toujours en quête de petites cuillères originales !

PAS DE PRIVATION NI DE CHOIX INTENABLES

Faites de votre parcours minceur un séjour agréable. La colère, l'exaspération et l'irritabilité ne sont pas les signes d'un parcours serein. Au contraire, faites les choses que vous aimez, mangez ce qui vous fait plaisir et ne vous forcez pas si ce n'est pas bon.

Quand je n'ai pas faim, je ne mange pas. Au lieu de chercher à faire plaisir aux autres, faites-vous plaisir à vous-même. Un corps que vous nourrissez sans faim ni fin, même avec une feuille de salade pour vous donner bonne conscience, que pensez-vous qu'il en fasse ?! Va-t-il l'utiliser immédiatement ou la mettre de côté pour plus tard ?

EXIT LA FRUSTRATION

Manger un repas par jour ? Sérieusement ? C'est la recette parfaite pour transformer votre quotidien en séance de frustration et de panique. Allez, détendez-vous, offrez-vous si besoin, en plus de vos repas, un ou deux en cas par jour. Pensez-y comme à une croisière agréable. Parce que même le plus luxueux des bateaux de croisière ressemble à un radeau de sauvetage en pleine tempête si le buffet manque de saveur, de couleur et de variété.

Imaginez une situation inconfortable : cela ne fait que générer plus de frustration. Alors, Mesdames, n'essayez pas de vous transformer en une version fantasmée de vous-même. Envoyez-vous des fleurs et de l'amour, et non des coups de fouet. Le fouet, c'est pour cuisiner, pas pour se flageller ! **Respirez, mangez, profitez et souvenez-vous : la vie est trop courte pour ne manger qu'une seule fois par jour**.

PLACE AU BON SENS !

Mettez en place du bon sens, simplifiez-vous la tâche, **car personne ne garde sur le long terme un comportement qui ne lui convient pas**. Comment ajouter une contrainte, des interdits récurrents, des comportements que l'on déteste et se sentir heureuse ?! Plus il y a privation, plus on réveille en nous le déchaînement de nourriture, les craquages, les fringales, puis s'en-

LE PLAISIR DOIT FAIRE PARTIE DE LA SOLUTION, ALORS POSEZ-VOUS TOUJOURS CETTE QUESTION : « QUE ME FERAIT-IL PLAISIR DE MANGER AUJOURD'HUI ? » PLUTÔT QUE « QUE DOIS-JE MANGER POUR MAIGRIR ? » CELA CHANGE TOUT !

suit le dragon du jugement négatif, de la dévalorisation et de la culpabilité.

Changez d'angle de vue sur ce que vous pensez de vous ; ayez plus de compassion, de gentillesse envers vous-même ! Vous êtes une belle personne. Votre poids ne vous définit pas. Cherchez à adopter de nouveaux comportements faciles et réalisables plutôt que de viser l'impossible.

DES COMPORTEMENTS DURABLES

Choisissez ce qui est important pour vous et donnez-vous les moyens de l'obtenir. Posez des limites et ne dérogez pas à votre engagement et à votre objectif. Si vous adoptez un comportement alimentaire que vous ne pouvez pas maintenir à vie, laissez tomber. Épuiser votre mental pour ensuite abandonner est inutile et énergivore.

Dans chaque action, recherchez :

- La qualité et la pérennisation.
- La cohérence avec un poids stable.
- La sérénité d'esprit.
- La forme physique.
- Le sourire aux lèvres.

Le véritable défi réside dans la constance de ces changements de comportements. Ayez une vision à long terme et ne considérez pas la perte de poids comme une étape temporaire, mais comme un voyage vers vous-même. Un projet de vie pour œuvrer pour soi.

Mes yeux et ma bouche me disent que la mayo, c'est bon ; le beurre, aussi ; les frites, une tuerie ; le chocolat, un délice ; le fromage, de la tendresse ; un plat savoureux, du bonheur ; un gâteau, du plaisir ; une glace, de la joie ; une terrine de campagne, un ravissement ; du pain, un sourire ; du miel, de la douceur ; une pizza, une délectation…

Et vous, qu'ajouteriez-vous à cette liste non exhaustive ?

....

....

Se priver de bon, de délice, de tendresse, de bonheur, de plaisir, de joie, de ravissement, de sourire, de douceur, de délectation… est inimaginable. Donc s'interdire ces aliments est inconcevable.

« VOS CHOIX VOUS DONNENT ACCÈS À VOS RÊVES. »

UN TEMPS DE RÉCUPÉRATION

Maintenant, prenons un moment pour relativiser. Imaginez sortir du cadre strict que vous avez organisé et choisi à l'occasion d'un week-end festif, d'un petit moment de désorganisation, quand vous faites un écart gourmand ou quand vous vous servez une portion plus généreuse…

Au lieu de paniquer, de vous en vouloir et de basculer dans l'abandon, acceptez la situation et prenez cette liberté de ne plus raisonner ni conscientiser tout ce que vous faites. C'est OK d'être de temps en temps en roue libre. Cela permet aussi d'apprendre de cette expérience. Vivre des petits imprévus, nouveaux et délicieux, fait partie du concept « mincir sans souffrir ». En revanche, il faudra accepter que le chemin vers le triomphe soit un peu plus long.

UN PARCOURS SEMÉ DE PAUSES RÉCRÉATIVES

Si un jour vous zappez l'équilibre alimentaire que vous avez défini comme correct, voilà ce que vous pouvez faire :

- Sourire et respirer : la vie est trop courte pour stresser sur un croissant.
- Reprendre les armes : revenez à l'organisation qui vous correspond dès le lendemain.
- Accepter les délais : parfois, ralentir c'est pour mieux rebondir.

IL EST IMPORTANT DE GARDER EN TÊTE QUE LE CORPS A BESOIN DE PAUSES POUR RÉCUPÉRER. UNE PRISE DE POIDS TEMPORAIRE OU UNE STAGNATION N'EST PAS NÉCESSAIREMENT NÉGATIVE. CELA PEUT SIGNIFIER QUE LE CORPS SE PRÉPARE À PROGRESSER À NOUVEAU. LORSQU'UNE CELLULE GRAISSEUSE SE VIDE, ELLE SE REMPLIT TEMPORAIREMENT D'EAU AVANT DE RÉDUIRE SA TAILLE. PARFOIS, IL SUFFIT D'ATTENDRE POUR VOIR LE CHANGEMENT SUR LA BALANCE.

« UNE COUPURE, UN ENTRACTE, UNE HALTE, UNE RÉCRÉATION, UN RÉPIT, UN TEMPS MORT, UNE PAUSE POUR SOUFFLER ET CHANGER DE DÉCOR : C'EST LA CLÉ POUR RÉUSSIR. »

Souvenez-vous, mes amazones, que chaque petit pas compte. Et si jamais vous trébuchez, vous avez toujours le droit de rire, de vous relever et de continuer à avancer. Après tout, la route vers la victoire est faite de petits succès et de grandes aventures culinaires.

ACCEPTER LES HAUTS ET LES BAS

- Pour mincir, il faut accepter les épreuves que cela implique : les déceptions face aux petits résultats, les écarts lors des invitations, les soirées où la solitude nous pousse à chercher du réconfort dans la nourriture, les moments où nous avons du mal à maintenir un cadre, les pensées permissives « pour une fois »...
- Il faut accepter que notre corps ait besoin d'une pause pour récupérer après une lipolyse, que les redémarrages sont nécessaires pour se remettre sur les rails. Les envies incontrôlables de manger peuvent être les conséquences d'un surmenage ou d'un excès de sport...
- Il faut accepter l'insatisfaction, car il y a des journées avec et des journées sans.
- Il faut accepter l'imperfection de nos actions et de nos choix, car après tout nous sommes humaines et faillibles.
- Il faut accepter de ne pas tout contrôler, car le résultat n'est pas programmable.

Vivre tout cela est normal, autorisez-vous à l'accepter.

SOUVENEZ-VOUS QUE L'OBJECTIF EST LE PROGRÈS ET QUE CELUI-CI SE RÉALISE DANS LA CONSTANCE. SUR UNE SEMAINE DE 7 JOURS, IMAGINEZ QUE 2 JOURS SONT INCONTRÔLABLES. CELA VOUS MET LES NERFS À VIF ? APRÈS TOUT, SI ON CHANGE D'ANGLE DE VUE, C'EST 260 JOURS INCROYABLES OÙ VOUS AVEZ PRIS LE CONTRÔLE, FAIT LE TRAVAIL. ET ÇA, C'EST FORMIDABLE !

AU SECOURS, *JE CRAQUE !*

Parfois, on a envie d'une bonne glace à l'italienne et pas d'un sorbet ou d'un verre d'eau. Plutôt que de culpabiliser, souvenons-nous que tout est rattrapable. Sur une semaine ou même un mois, on peut lisser nos écarts, nos excès, nos folies alimentaires, nos « trop » et nos « pas assez ».

La bonne nouvelle, c'est qu'il existe quelques astuces pour prendre du recul face aux potentiels craquages alimentaires. Voyez plutôt...

LISTEZ VOS ENVIES GOURMANDES

Vous avez une envie irrésistible de pain et de fromage, alors que vous avez terminé de dîner il y a seulement une heure ? Voici un exercice pour calmer cette envie.

➠ *Prenez 5 minutes pour noter toutes les possibilités gourmandes qui vous viennent à l'esprit. Imaginez une table bien garnie où tout est permis. Vous pourriez avoir envie de : chocolat liégeois, saucisson sec, tarama, pizza, éclair au café, banane, croissant, pâte à tartiner, bonbons, chips, biscuits apéro, frites mayonnaise, hamburger, gâteau au chocolat, bière, quatre-quarts, etc.*

➠ *C'est à vous :*

....

....

....

Que remarquez-vous ? Pas de salade, pas de légumes poêlés, pas de poisson en papillote, pas de fromage blanc, pas de radis, pas de carottes à croquer... Évidemment car ça ne fait rêver personne ! En revanche, le temps d'avoir listé ces aliments, eh bien vous n'avez pas mangé !

INTÉGREZ LE PLAISIR RÉGULIÈREMENT

Pour éviter que votre cerveau ne vous rappelle constamment à l'ordre, intégrez des plaisirs gourmands dans vos repas. Si vous aviez fini par un bout de fromage avec du pain, l'envie 1 heure après n'aurait peut-être pas surgi. Un cerveau content après un repas permet de vous sentir rassasiée et satisfaite. Manger à sa faim est essentiel pour tenter de se détacher des fringales et des troubles de l'alimentation. Personnellement, quand j'effectue cet exercice, cela me calme. Je prends conscience que je n'ai pas vraiment faim et que mon cerveau leurré s'est cru à un buffet à volonté. Résultat : il me laisse tranquille ! Et si, malgré tout, vous ressentez une furieuse envie de plonger dans le réfrigérateur, c'est OK, mais juste avant, redonnez du sens à ce moment. Positionnez-vous.

➡ *Listez 5 arguments présentant ce que vous voulez vraiment en ayant entamé ce parcours minceur. Pour quoi faites-vous cela ? (Souvenez-vous : quand c'est pour maigrir, cela ne fonctionne pas vraiment.) Les idées couchées sur le papier sont beaucoup plus claires que dans notre tête.*

1. ....

2. ....

3. ....

4. ....

5. ....

« SAVOIR ATTENDRE ET SORTIR DE LA RÉACTIVITÉ EST UN BON MOYEN D'ÉVITER L'INUTILE. »

EN INTÉGRANT DE PETITES DOSES DE PLAISIR DANS VOTRE QUOTIDIEN ALIMENTAIRE, VOUS PARVIENDREZ À MIEUX GÉRER VOS ENVIES SOUDAINES ET À MAINTENIR UN ÉQUILIBRE SAIN. ESSAYEZ ET VOYEZ PAR VOUS-MÊME COMMENT CELA PEUT TRANSFORMER VOTRE RELATION AVEC LA NOURRITURE.

Se réfugier dans la nourriture mamour, c'est tellement agréable. Mais répéter ce comportement tout au long de la semaine est-il en accord avec votre projet « une taille en moins » ? Choisissez-vous de faire partie du problème ou de la solution ?

MA COLLATION EXPRESS ANTI-FRINGALE

- 20 cl de lait Ribot
- 1 c. à c. de graines de chia
- De la cannelle
- Vous pouvez ajouter 1 c. à s. de framboises ou de fruits rouges surgelés, ou 2 fruits secs mixés (pruneaux ou abricots)

➡ Mélangez, attendez 5 minutes pour humidifier les graines, puis dégustez.

ZEN, SOYONS ZEN

Quand votre cerveau décide de courir un marathon alors que vous êtes coincée dans le canapé, c'est votre système nerveux qui se croit à la finale d'un match de rugby. Voici mes tours de passe-passe top secrets pour transformer votre corps en un havre de paix.

Mais attention, je ne vous demande pas de vous métamorphoser en bouddha !

➡ La douche froide !

L'idée est de se calmer grâce à la douche progressive. Vous allez terminer votre douche dans une bulle rafraîchissante. Passez du tiède au plus frais progressivement. Quand le corps est plus frais, il est plus calme. Vous sortez du bouillonnement intérieur.

➡ Une looongue expiration

La respiration est précieuse pour se détendre, notamment la phase de l'expiration, pendant laquelle vous chassez le stress et les soucis. Imaginez-vous souffler tout doucement à travers une paille pour vider l'air de vos poumons. Le corps ralentit et le système nerveux se plonge dans un environnement cocooning.

➡ Un shoot de nature

Rapprochez-vous de la nature, sortez pour vous promener en forêt ou dans un parc. Votre cerveau adore la nature, il s'y sent en sécurité et dans l'apaisement.

➡ La technique relax qui swingue !

Laissez-moi vous chanter cette astuce que je garde sous le coude comme un génie dans une bouteille. Prête ? Alors inspirez, gonflez les poumons et… fredonnez telle une abeille heureuse de butiner ! Oui, vous avez bien entendu. Pas besoin de sortir le karaoké ou de vous inscrire à *The Voice* pour trouver votre nirvana, un simple « lalala » sous la douche ou sur votre lieu de travail peut éveiller en vous le dalaï-lama qui sommeillait. Quand on fredonne, on fait vibrer notre bon vieux nerf vague. Et là, c'est la fête dans votre corps, les confettis volent et votre stress prend la poudre d'escampette. **La zen attitude par la vibration est un remède miracle aussi vieux que votre bouillotte !**

« L'AVENIR NOUS TOURMENTE,
LE PASSÉ NOUS RETIENT,
C'EST POUR ÇA QUE LE PRÉSENT
NOUS ÉCHAPPE. »
GUSTAVE FLAUBERT

REVENIR À L'INSTANT PRÉSENT

Dans notre monde frénétique, le stress et l'anxiété sont devenus des compagnons de notre quotidien. Stop, arrêt sur image ! Apprenons à faire des pauses, à arrêter les allers-retours de pensées inutiles et d'actions effrénées. Apprenons à ralentir, à revenir à l'instant présent sans polluer notre esprit avec ce qu'il s'est passé hier et ce qu'il pourrait advenir demain.

De même, lorsque vous mangez, faites-le en restant bien ancrée dans l'instant présent. Acceptez de manger quand bon vous semble et vivez ce moment en toute liberté. Chouchoutez cet instant de plaisir sans l'accompagner d'un flot de pensées négatives et dévalorisantes. Demain est un autre jour. Aujourd'hui, vous avez besoin de manger plus et demain on verra bien. Pas de plan sur la comète.

Pour vous aider à revenir au présent, vous pouvez pratiquer l'exercice du 5, 4, 3, 2, 1. C'est une technique[1] puissante pour vivre l'instant présent et ramener votre attention à maintenant, pour laquelle vous allez utiliser vos cinq sens (voir ci-dessous).

L'EXO : LA TECHNIQUE DU 5, 4, 3, 2, 1

→ **Voir :** Nommez 5 objets que vous pouvez voir autour de vous.
→ **Entendre :** Identifiez 4 sons distincts que vous pouvez entendre.
→ **Sentir :** Prenez conscience de 3 odeurs différentes ou de l'air sur votre peau.
→ **Toucher :** Remarquez 2 surfaces ou textures différentes sous vos doigts.
→ **Goût :** Détectez 1 goût dans votre bouche, même neutre, ou l'arrière-goût de ce que vous avez dernièrement mangé ou bu.

1. Il s'agit d'une technique de pleine conscience développée par la psychologue clinicienne américaine Ellen Hendriksen.

RÉGULER SON CORTISOL

Le cortisol est l'hormone qui nous permet de nous adapter aux événements imprévus. C'est l'hormone du stress. Elle est sécrétée par les glandes surrénales, situées juste au-dessus des reins. Quand on les sollicite en permanence avec nos accélérations quotidiennes, elles deviennent des usines à cortisol, responsables de cette fameuse bouée autour de la taille et d'une grande fatigue.

Le cortisol est utile ponctuellement quand il permet de nous adapter à des situations d'urgence et qu'il favorise la survie. En revanche, quand il est chronique, il n'est pas un bon ami avec la perte de poids.

Quelques pistes pour limiter le cortisol

- Marchez régulièrement.
- Mangez plus de protéines le matin et moins le soir.
- Ajoutez plus d'omégas 3 (pour les autres, les carences sont rares) dans vos repas sous forme de graines, de petits poissons gras, de bonnes huiles (lin, chanvre, caméline, olive, avocat, noix...).
- Mangez plus de légumes fermentés.

« MOINS DE CORTISOL ET MES KILOS S'ENVOLENT ! »

- Augmentez la consommation d'aliments riches en magnésium pour aider à lutter contre le stress.
- Ajoutez plus d'aliments colorés riches en antioxydants pour protéger vos cellules du vieillissement.
- Prenez du temps pour vous.
- Faites des retours au calme.
- Respirez avec conscience pour évacuer les tensions.
- Augmentez votre temps de sommeil. Un gain de 30 minutes par jour, c'est énorme sur l'année. En revanche, perdre 1 heure par jour, c'est 52 nuits de 7 heures sur l'année sans dormir.
- Mettez en place des activités ludiques.
- Limitez l'alcool et le café.
- Limitez la consommation d'aliments sucrés car après l'effet d'apaisement, ils agissent en faveur d'une sécrétion importante de cortisol. Un paquet de bonbons et bam ! Votre système nerveux est prêt à poursuivre un lion avec une aiguille à tricoter.
- Préférez le chocolat à 80 % de cacao noir – modérément – car c'est celui qui contient le moins de sucre.
- Saupoudrez vos plats d'un peu de cannelle, cette épice riche en fibres a aussi des propriétés anti-inflammatoires et antioxydantes.
- Lisez, écoutez de la musique...

MÂCHEZ, MASTIQUEZ, *SAVOUREZ !*

Depuis quelque temps, j'avais remarqué une forte douleur au niveau de mon estomac. Au début, c'était de temps en temps. Puis, après quelques années, de plus en plus fréquent. Une douleur si intense que j'avais la sensation que l'on m'avait asséné un coup de poing dans le ventre…

Après plusieurs examens, il s'est avéré que je n'avais rien ! Rien de rien ! Bilan définitif ma bonne Dame : tout va bien. Alors j'ai mené ma petite enquête personnelle :

- Est-ce le citron que j'adore ? J'ai réduit.
- Est-ce manger trop gras ? Gras ou pas, j'avais mal.
- Est-ce les laitages ? Pas probant dans mon cas.
- Est-ce les fruits ? Ah, j'adore les fruits ! Pas de douleur systématique.

« PENSEZ À MASTIQUER, À ÉCRASER. LAISSEZ LA LANGUE MÉLANGER LE TOUT POUR AVALER LE CONTENU SAVOUREUX PRÉSENT DANS LA BOUCHE. »

Alors c'est quoi, ce sentiment d'avoir mangé des écrous de tracteur ? Eh bien, je vous le donne en mille… Dès que j'ai commencé à porter mon attention sur mes bouchées en mastiquant les aliments à la hauteur de leur texture, j'ai ressenti un soulagement général, un sentiment de confort lors de ma digestion et un ventre souple alors qu'avant j'avais cette impression qu'il était entouré d'une corde drue et épaisse. Que du bonheur ! Ma vie gastrique a changé !

Le constat était simple : je mangeais trop vite, j'engloutissais, j'étais en mode urgence… Je me suis retrouvée dans la peau d'une gourmande qui craint qu'on lui vole son repas !

Dès lors, j'ai commencé à instaurer un cadre souple pour m'entraîner et apprendre définitivement à manger plus lentement. J'ai allongé mes heures de repas et mes moments de pause pour souffler, respirer, m'hydrater…

COMPTER LES COUPS DE DENT

J'ai commencé à compter réellement mon nombre d'écrasements pour chaque bouchée. Comme je veux être transparente avec vous, je me situais autour de 4 ou 5 coups de dent, sachant que le minimum syndical me semblerait plutôt être autour de 10. Dernièrement un médecin indiquait que donner 7 coups de dent était un bon début. OK, mais avec 7 coups, les aliments sont-ils vraiment en bouillie ? Pour moi, pas du tout, il fallait donc augmenter considérablement la mécanique. Un vrai travail de répétition selon l'aliment.

« PLUS L'ALIMENT QUE L'ON MANGE PASSE DU TEMPS EN BOUCHE, MOINS ON EN MANGE ! »

Ainsi, **j'ai arrêté d'agresser mon estomac** qui, le pauvre, en voyant des bouts énormes arriver du toboggan de la trachée, n'avait pas d'autres solutions que d'ajouter une dose supplémentaire d'acide gastrique pour dissoudre ces gros morceaux. Je ne veux plus me maltraiter.

Je vous invite donc à faire le point sur votre mastication. Prenez-en conscience sans vous juger et rassurez-vous, vous allez agir positivement, j'en suis certaine. Pour changer, il est utile d'avoir une prise de conscience, un électrochoc, un déclic.

Prenez votre temps… Personne ne va vous ouvrir la bouche pour en extraire le pain broyé et humidifié par la salive. Sortez de la précipitation. Recentrez-vous ! Ça va aller. **Nous sommes là pour prendre conscience de l'urgence dans laquelle nous nous mettons quand nous passons à table**.

MON ASTUCE

Commencez par mâcher le plus possible la première bouchée de chaque aliment différent que vous avez dans votre assiette. Ainsi, vous allez identifier le nombre de coups de dent nécessaires pour écraser le contenu dans votre bouche. Et naturellement vous allez ralentir au cours du repas.

LA PREMIÈRE BOUCHÉE EST EXTRAORDINAIRE.
LA SECONDE EST SAVOUREUSE.
LA TROISIÈME EST BONNE
ET ELLE SUFFIT À MON BONHEUR.
QU'EST-CE QUE J'Y GAGNE ?

- JE SAVOURE VRAIMENT.
- JE SUIS À CE QUE JE FAIS.
- JE RÉDUIS NATURELLEMENT MES QUANTITÉS.

Ralentir, traîner des pieds, pour une fois, c'est autorisé. Rassurez-vous, vous pouvez manger autant que votre estomac vous en donnera le feu vert. Écoutez votre ventre au lieu de manger avec les yeux. Je sais que nos yeux pourraient dévorer le monde, mais est-ce leur rôle ?

La première bouchée instaurera le tempo. Lors de votre prochain appel du ventre, portez votre attention sur un rythme en lien avec l'ode à la lenteur. **Mâchez tel un panda qui s'économise en énergie.** C'est bien dans ce domaine de l'alimentation que l'on ne vous demandera jamais de battre un record de vitesse !

Quelques exemples testés par ma bouche

C'est parti pour activer les mâchoires, utiliser ses quenottes et réveiller la langue pour qu'elle mélange le tout.

- 1 quartier de pamplemousse se fragmente jusqu'à devenir liquide au bout de 38 coups de dent.
- 1 tomate cerise : 33 coups de dent.
- 1 morceau de viande de 1,5 sur 2 cm : 33 coups de dent.
- 1 bouchée de pâtes : 15 coups de dent.
- Un bout de saucisse de 2 cm : 28 coups de dent.
- 1 fourchette de choucroute : 26 coups de dent.
- Un bout de steak haché de 2 sur 2 cm : 20 coups de dent.
- 6 haricots verts cuits et froids : 22 coups de dent.
- Un morceau de pain avec rillette : 43 coups de dent.
- Une bouchée d'oléagineux : 40 coups de dent.
- Une bouchée de chou-fleur cuit : 15 coups de dent.
- Du chocolat : laissez-le fondre !
- 1 amande : 17 coups de dent.

L'EXO : MANGEZ EN CONSCIENCE

Vous allez expérimenter le fameux « manger en conscience ». Personnellement, c'est un terme qui ne me parle pas autant que « manger en prêtant attention à la couleur, à l'odeur, à la texture, au goût, à la forme... »

Faites l'expérience de prendre un chocolat de très bonne qualité, observez-le, décrivez-le, sentez-le. Vous salivez déjà. Mettez-le en bouche, faites durer le plaisir. Saturez vos papilles (sur la langue) de ce bon chocolat et laissez-le fondre en bouche. Vous découvrirez que le goût du chocolat reste bien 10 minutes encore dans votre bouche. Pas la peine d'enfourner le ballotin pour vous sentir satisfaite !

PRENDRE LE TEMPS DE DÉGUSTER

J'ai une question : cette tablette de chocolat qui nous appelle, la laissons-nous fondre vraiment sous la langue ? Rarement. J'ai souvent l'impression qu'elle fond dans la trachée, là où le plaisir n'est plus présent.

Petit rappel : le meilleur moment quand on goûte un aliment, c'est en bouche. Pourquoi vous presser à avaler aussi vite ? La manie de l'urgence ? Les filles, élaborons ensemble un plan d'action concret : cherchez à établir un temps record en bouche pour savourer en conscience.

Commencez par accepter de manger ce que vous aimez sans vous juger. **Et laissez le carré de chocolat, le morceau de fromage, la cuillère de pâte à tartiner ou encore la chips paprika prendre sa place en bouche**. Laissez la bouchée prendre ses quartiers. Pourquoi vouloir la pousser si vite au fond du wagon (la trachée) ? En bouche, elle fait danser vos papilles, elle dit à votre cerveau : qu'est-ce que c'est bon... je me régale... Respirez et profitez.

UNE AUTRE FAÇON DE FAIRE SES COURSES

Revoir ses repas dans un parcours minceur signifie également revoir sa liste de courses et sa manière de faire les courses. L'idée est d'apporter des éléments nouveaux à votre liste de courses. Plus de fibres, plus de protéines, plus d'acides gras essentiels, plus de frais… tout en gardant ce que vous aimez.

Souvenez-vous que l'une des clés de la réussite réside dans l'organisation, l'anticipation et la planification. Et l'étape supermarché fait bien évidemment partie du jeu. L'enjeu est de gérer ses courses intelligemment et de changer son rapport avec les grandes surfaces, temples de la tentation !

- Évitez d'accumuler des stocks inutiles : plus vos placards sont remplis, plus vous ressentirez le besoin de manger.
- Surveillez les dates de péremption : cela vous évitera de devoir consommer en urgence pour ne pas gâcher.
- Achetez de saison : le corps a besoin de s'adapter aux saisons. Par exemple, la pastèque est idéale en été, mais pas en hiver.
- Préparez une liste de courses : cela vous aide à rester concentrée et à éviter d'acheter impulsivement. Cela permet également de limiter le temps passé à flâner dans les allées du supermarché.

Pour des courses sous contrôle

- Savoir déléguer la mission courses peut être un atout.
- Avoir un budget restreint permet de ne pas faire déborder le caddie.
- Dresser une liste d'essentiels et prévoir les moments de flemme avec du pratique, rapide et équilibré.
- Manger avant d'aller faire les courses pour garder son cerveau dans la raison.
- Suivre sa liste de courses pour éviter de se perdre dans les rayons telle une âme en peine !

Et si vous changiez vos assiettes ? Les grandes assiettes sont certes magnifiques sur une table, mais pour une gourmande, c'est un piège ! Car avec elles nous augmentons facilement notre consommation alimentaire d'environ 35 % de plus que ce dont notre corps a besoin. À l'inverse, une assiette plus petite semblera davantage remplie…

VOTRE DÉFI BIEN-ÊTRE SUR 10 JOURS

Les Jeux olympiques sont passés, alors quoi de mieux pour se remettre dans une ambiance de compétition que ce challenge comportemental nommé « les bons plans perte de poids et bien-être ».

Ce challenge est **un véritable plan d'actions sur 10 jours**, avec l'objectif d'insérer, jour après jour, des petits changements de comportement faciles, comme un bon café dans une matinée difficile. Ainsi, vous pourrez commencer à installer un bien-être global et renforcer votre confiance en vos capacités à garder le cap.

À vos marques, prête... agissez ! Force à vous, et surtout soyez fière de vous !

➡ Jour 1 : l'hydratation, c'est la clé !
Buvez 2 litres d'eau. Oui, oui, 2 litres. Vos organes vont faire la fête et votre chimie interne va danser le mambo.

➡ Jour 2 : montez les escaliers !
Chaussez vos baskets pour 5 minutes d'escaliers. À votre rythme, pas besoin de faire un marathon. Aussi intéressant que les squats, mais moins douloureux, promis !

➡ Jour 3 : des protéines au petit déj'
C'est parti pour un petit déj' protéiné ! Jambon, œuf, fromage, mortadelle, restes de poulet de la veille... c'est open bar ! La dopamine vous remerciera et vous ferez barrage aux fringales sucrées.

➡ Jour 4 : n'oubliez jamais les féculents le soir
Prévoyez un boost de féculents au dîner. Céréales, légumineuses, aliments complets... La sérotonine, neurotransmetteur de la bonne humeur, sera votre meilleure amie.

➡ Jour 5 : du gras au petit déj'
Ajoutez du gras (15 g) à votre petit déj' avec toutes sortes de graines : chia, noix du Brésil, de Grenoble, noisettes, chanvre, pignons de pin, amandes... Vos cellules et vos hormones vont vous dire merci en chœur.

➡ Jour 6 : c'est le fibre day !
Portez une attention spéciale aux fibres pour bichonner votre transit. Objectif du jour : 30 g de fibres (légumes, fruits, légumineuses, céréales All-bran...). Votre intestin vous fera une standing ovation.

➡ Jour 7 : des fruits frais et colorés

Favorisez les fruits frais et colorés, maximum 300 g par jour. Un fruit qui tient dans la main = 100 g. (Kiwi, petite pomme, 2 figues…) Vous allez disposer un arc-en-ciel de fruits près de votre assiette !

➡ Jour 8 : faites une respiration consciente

Aujourd'hui, concentrez-vous sur la respiration consciente. Avant d'aller au lit, faites 6 respirations longues. Inspirez… expirez… comme si vous étiez un maître zen.

➡ Jour 9 : de la positivité à gogo

Cherchez le positif toute la journée. Oh, ma boulangère a souri, il fait beau, je suis vivante, mon ordi est en mode turbo, j'ai un entourage qui tient à moi, etc. Ça va être une super journée !

➡ Jour 10 : du chocolat noir pour le grand final

Pour le grand final, à 16 heures ou à la fin de votre repas, prenez 10 g de chocolat noir à 80 % de cacao avec un fruit riche en fibres (framboises, mangue, poire, orange…). Dégustez-le le plus calmement possible. Top chrono de la lenteur. Miam ! Si vous n'aimez pas le chocolat, choisissez un autre petit plaisir gourmand riche en magnésium à savourer en toute conscience !

MON CONSEIL

Le premier et le plus grand défi est de changer de posture. Notre corps reflète notre état interne. Envoyez un message inconscient de confiance en soi aux personnes de votre entourage. Pas besoin de baguette magique : levez le menton et regardez les personnes dans les yeux. Vos chaussures ne vont pas se déchausser. Redressez les épaules. Notez sur un post-it un message bienveillant : « Je suis une VIP (*Very Important Person*), je ne lâche rien, parce que je le vaux bien, *I am the best*… ». Oui, c'est vous la Queen ! Glissez le petit bout de papier dans votre chaussure.

UN BON *SOMMEIL*

En avril 2022, j'ai fait un sondage sur mon compte Instagram auprès de ma communauté avec cette question : qu'est-ce qui a favorisé votre prise de poids ? Sur les 239 personnes qui ont répondu, 34 % ont mis en avant un mauvais sommeil (40 % ont coché trop d'apports énergétiques et 26 % un jugement négatif permanent).

Pour plus d'un tiers des sondées, c'est le sommeil qui est en cause. Est-ce aussi votre cas ? Je rencontre beaucoup de femmes qui se sentent malmenées par un sommeil irrégulier. Elles ressentent une fatigue chronique qui les pousse à manger avec des pics de fringale.

DORMEZ DANS VOTRE LIT

Le sommeil est un critère à ne jamais négliger dans un parcours minceur. Il est temps d'aller au lit pour dormir ! Sérieusement, c'est le seul moyen de guérir de nombreux maux. Vous avez mal à la tête, au dos, à l'âme ? Parfois, une bonne nuit de sommeil et c'est réglé !

SI UNE INSOMNIE VOUS EMPÊCHE DE DORMIR, AU LIEU DE RESTER ALITÉE À COMPTER LES HEURES PERDUES, SORTEZ DE VOTRE LIT, ACCORDEZ-VOUS UN MOMENT DE DOUCEUR, AVEC UN LIVRE, DE LA MUSIQUE OU UNE MÉDITATION.
VOTRE LIT N'EST PAS QU'UN MEUBLE, MAIS LE DOUX REFUGE DE VOS RÊVES. EN ASSOCIANT SON USAGE AVEC LE REPOS, VOUS ENSEIGNEZ À VOTRE ESPRIT LA RECETTE DU SOMMEIL RÉPARATEUR.

« MOINS JE DORS, PLUS JE GROSSIS. »

Dormir dans le bruit, habillée, sur le canapé devant votre série, par intermittence sur le qui-vive, sur un coin de bureau parce que vous vouliez terminer un dossier professionnel… Ce n'est pas ce que l'on appelle un environnement cocooning et ressourçant. Vous avez sommeil, filez-vous coucher dans votre lit. C'est à partir d'aujourd'hui un comportement non négociable.

GAGNEZ UNE HEURE DE DODO

Votre job est de réguler vos heures de sommeil en augmentant progressivement de trente minutes à une heure le temps de dodo par nuit. Quitte à faire une sieste. C'est possible et c'est carrément bienvenu.

Cette nouvelle habitude peut vraiment être un atout pour retrouver un poids de forme. Ressourcez-vous grâce au sommeil, ne cherchez pas à vous nourrir quand le corps réclame du repos. En revanche, si le corps a besoin de carburant alors là, mangez.

Quand on pense que gagner une heure de sommeil par nuit, c'est 365 heures supplémentaires par an pour se ressourcer et finalement, une petite heure en plus, ce n'est pas grand-chose.

Couchez-vous un peu plus tôt, évitez d'enquiller un autre épisode de votre série alors que vous êtes à moitié dans le coaltar, ne scrollez plus sur votre téléphone pendant des heures pour espérer une solution miracle !

MON ASTUCE

Observez-vous : votre réveil se fait-il naturellement ou avez-vous besoin d'une alarme pour vous tirer du lit comme un ours en hibernation ?

Besoin d'un réveil ? Vous n'avez clairement pas assez dormi ! Bon, vous avez peut-être aussi regardé une série de 5 ou 6 épisodes sur Netflix jusqu'à 3 heures du matin…

Réveil naturel ? Bravo, championne ! Vous êtes sur la voie du ninja du sommeil.

Allez, votre prochain achat est un bon oreiller et une couette adaptée pour un sommeil réparateur.

UN CORPS
EN MOUVEMENT

Oui, oui, vous là-bas, confortablement installée sur votre chaise, levez-vous ! Même pour seulement cinq minutes. C'est toujours mieux que rien du tout.

Parce que plus on reste assise, plus nos muscles fondent comme neige au soleil et on finit par perdre notre autonomie.

La chaise ? Pas de panique, vous en profiterez assez quand vous ne pourrez plus bouger du tout. Le squelette n'est pas une structure autosuffisante : ce sont nos muscles qui le maintiennent debout. Alors renforçons-les pour qu'ils nous accompagnent tout au long de notre vie et brûlent toutes ces calories, car ce sont de véritables dévoreurs d'énergie !

Le mouvement, c'est aussi le meilleur nettoyeur pour notre corps. Il fait circuler le sang dans le foie et permet une véritable détoxification. Il fait bouger la lymphe, notre camion poubelle interne, qui évacue les toxines. Mais pour que ce camion avance, il a besoin d'un coup de pouce, ou plutôt de muscles.

DANS LA QUÊTE DU BIEN-ÊTRE, IL EST ESSENTIEL DE SE RAPPELER QU'ÊTRE EN MOUVEMENT JOUE UN RÔLE CENTRAL, SANS POUR AUTANT SE FOCALISER SUR L'IDÉE DE PRATIQUER DES EXERCICES TRADITIONNELS QUI PEUT PARFOIS NOUS SEMBLER REBUTANTE.

MON CONSEIL

Veillez à entretenir des fréquentations qui vous boostent. En effet, fréquenter des sédentaires antisportifs n'est pas l'idée du siècle pour vous mettre en mouvement.

Gardez vos amis bien sûr, mais essayez d'agrandir votre cercle d'amis qui sont dans le même état d'esprit que vous. Des après-midis avec mémé Colette, c'est sympa, mais le mouvement café-biscuit n'est pas assez efficace !

LANCEZ-VOUS DES PETITS CHALLENGES

Pas besoin de vous transformer en athlète olympique, surtout si le sport n'est pas votre tasse de thé. Trop de sport, ça creuse, et après on se retrouve à manger pour deux. Commencez doucement, soyez régulière et allez à votre rythme. Laissez le plaisir vous guider, pas la contrainte.

L'important, c'est d'instaurer des petits challenges personnels, de ceux qui nous motivent pour bouger avec plaisir ! Imaginez cela comme les frais de port offerts lors d'un achat en ligne : un petit bonus, une récompense pour soi-même.

Penser que rester immobile équivaut à ne pas profiter pleinement de la vie est une image forte. Nous sommes conçus pour bouger et explorer, pas nécessairement pour courir un marathon, mais simplement pour nous activer au quotidien.

À travers ces lignes, je souhaite souffler cette étincelle d'encouragement : si vous ne changez rien, rien ne changera. **Chaque petit pas vers l'activité est un pas vers une meilleure version de vous-même, pleine d'énergie, de confiance et de vitalité pour l'avenir.** Bouger, c'est s'offrir un cadeau précieux. Souriez à l'idée de ces petits défis quotidiens, car ils constituent les graines d'un changement positif. Ce n'est pas seulement votre silhouette qui s'en trouvera transformée, mais votre vie tout entière.

« VOUS VOULEZ MANGER ?

ALORS BOUGEZ ! »

LA SESSION « BALLON PLUME »

Vous n'avez pas envie de bouger et votre canapé est devenu votre meilleur ami ? Pas de panique, ma méthode « ballon plume » est faite pour vous[1]. Simple, ludique, avec des moments de pause, c'est le programme idéal pour réveiller vos muscles endormis, même ceux qui ont hiberné depuis des années.

Tout en douceur et en simplicité, vous allez enfin brûler des calories et déverrouiller vos articulations. À l'aide d'un ballon de baudruche, l'idée est d'entretenir et de renforcer votre masse musculaire par le biais du mouvement et de la pression exercée sur le ballon, un peu comme du gainage.

DEMANDEZ LE PROGRAMME !

Imaginez seulement : cinq petites minutes par jour avec un simple ballon de baudruche et vous voilà prête à casser le cercle infernal de la sédentarité ! Ça semble incroyable, non ? Ce programme, je l'ai conçu avec Éric Bunnun[2] (@ericbunnun), coach sportif certifié, pour celles qui, comme moi, préfèrent le moelleux du canapé au banc des culturistes. Mais aussi pour celles qui détestent le sport, les sédentaires en série et les accros au télétravail.

Vous êtes dubitative à l'idée de commencer ? Détendez-vous ! Les séances sont aussi douces qu'un épisode de votre feuilleton préféré. En outre, les mouvements se font à votre rythme. Et soyons honnêtes, s'il y a bien un sport où l'on peut rester sur sa chaise ou son canapé, c'est celui-ci !

Le but ? Vous faire bouger plus que d'habitude, augmenter votre masse musculaire et activer votre réseau lymphatique sans même sortir de votre salon. Même si je sais que rien ne vaut une bonne marche matinale, je pars du principe qu'« un peu est mieux que rien ».

1. Une visite chez votre médecin traitant est obligatoire afin de vous assurer de vos capacités à mettre en place les exercices de la méthode « ballon plume » ainsi que les échauffements et les étirements. Votre médecin sera le seul juge afin d'écarter toute pathologie qui pourrait endommager votre organisme.

2. Vous pouvez contacter Éric Bunnun à cette adresse : ericbunnun@gmail.com.

Alors, que vous soyez debout, assise ou même allongée, chaque mouvement est une victoire contre l'immobilisme. Commencez doucement, familiarisez-vous avec le mouvement et qui sait, peut-être qu'un jour vous passerez au niveau supérieur en étant médaillée sportive !

Le secret ? La constance et la régularité, même si ça commence par un simple lever de coude avec un ballon aussi léger qu'une plume.

Allez, en avant les sportives du canapé ! Aujourd'hui est un nouveau jour pour vous démarquer.

PS : L'avantage de cette méthode, c'est que vous aurez déjà les ballons pour le jour de votre anniversaire !

« QUAND UN ARBRE VIEILLIT, SES RACINES MEURENT EN TOUT PREMIER ET QUAND LES HOMMES PRENNENT DE L'ÂGE, CE SONT D'ABORD LEURS JAMBES QUI DEVIENNENT FAIBLES. »

PROVERBE CHINOIS

MON ASTUCE

Si vous vous asseyez souvent, songez à poser votre fessier délicatement sur la chaise ou sur le canapé pour ralentir la descente et forcer le muscle à travailler davantage !

ÉCHAUFFEZ-VOUS

Connaissez-vous cette sensation d'être comme « rouillée » ? **Il est peut-être temps de bouger afin d'augmenter votre température corporelle et de préparer toutes vos articulations à l'effort**. L'échauffement est une étape importante avant tout entraînement sportif.

Voici donc au préalable quelques exercices simples pour chauffer vos muscles et éviter de vous blesser. Avec ces mouvements de rotation, flexion et extension des différentes parties du corps – épaules, poignets, chevilles, hanches, tête – vous allez faire monter votre température.

Le mot d'ordre : doucement. Il faut de la douceur pour avancer en toute sécurité ! Soyez délicate avec les échauffements et par la suite avec le ballon. Munissez-vous d'un chronomètre et d'une bouteille d'eau. J'imagine que vous commencez déjà à vous préparer mentalement pour mettre votre corps en mouvement !

ASSIS-DEBOUT

Cible : jambes, transverse (abdo), mobilité chevilles et lombaires.

Temps : 2 minutes

Répétitions : 10 fois minimum

- Assise sur une chaise, un fauteuil ou un canapé.
- Levez-vous de la chaise en deux secondes.
- Asseyez-vous en deux secondes.
- Repoussez le sol avec les talons et ralentissez la descente.

Mon petit plus : Évitez aussi souvent que possible de vous jeter sur la chaise, le fauteuil ou le canapé. On n'est pas fatigué !

TALONS-FESSES

Cible : activation cardiovasculaire, arrière des jambes.

Temps : 2 minutes

- En position debout, les pieds écartés de la largeur des épaules.
- Gardez les jambes légèrement pliées.
- Pliez la jambe droite et tapez la fesse avec le talon.
- Reposez le pied.
- Pliez la jambe gauche, talon contre la fesse.
- Alternez rapidement.

« NE ZAPPEZ PAS L'ÉCHAUFFEMENT AVANT LES SÉANCES "BALLON PLUME" ! »

SUPERMAN AU SOL

Cible : muscles du dos, fessiers (chaîne postérieure globale).

Temps : 1 minute

- Allongez-vous sur le ventre, au sol ou sur un tapis.
- Regardez vers le sol.
- Décollez les bras tendus vers le haut et l'avant.
- Décollez la tête et la poitrine.
- Si vous êtes à l'aise, décollez les jambes en même temps.

LE CHAT

Cible : amélioration de la souplesse du corps.

Temps : 1 minute

- Étirez-vous comme un chat. Grandissez-vous.
- Votre séance d'échauffement est terminée. C'est qui la championne ? C'est VOUS !

À VOS BALLONS

Choisissez un ballon de bonne qualité made in France et mettez des gants de sport pour protéger votre peau de toute irritation. Gonflez le ballon normalement, ni trop dur ni pas assez ! C'est parti !

AVEC LA MÉTHODE « BALLON PLUME », L'IDÉE N'EST PAS DE VOUS FAIRE UN CLAQUAGE, MAIS DE VOUS ASSURER UNE AUTONOMIE DE MOUVEMENT ET DE MAINTENIR VOTRE SQUELETTE GRÂCE AUX MUSCLES AUTOUR DE LA CHARPENTE. QUELQUES MINUTES D'ACTIONS SPORTIVES SONT PLUS PRÉCIEUSES QUE RIEN DU TOUT !

LES DOIGTS DES MAINS

Temps : 5 minutes

À noter : Pour cet exercice d'assouplissement des doigts des mains, le volume de votre ballon est proche d'un pamplemousse. Idéalement, je gonfle le ballon avec une longue expiration.

- Attrapez le ballon avec les deux mains.
- Appuyez délicatement sur le ballon avec chaque doigt.
- Commencez avec une main, puis pianotez avec les deux mains.

Amusez-vous ! Imaginez-vous pianiste de concerto. L'objectif est de mettre vos mains en mouvement.

LES TRICEPS TONIQUES

Durée de l'exercice : 5 minutes

Temps d'effort : 1 minute

Pause : 15 secondes

Répétitions : 4 fois

- Debout, pliez légèrement les genoux.
- Placez vos mains presque tendues au-dessus de la tête, les coudes proches de la tête.
- Gardez vos épaules basses.
- Pliez les coudes en amenant les mains derrière la tête.
- Pressez le ballon.
- Les coudes et les épaules sont fixes.
- Ramenez le ballon au-dessus de la tête en le relâchant.
- Seuls vos mains et vos avant-bras sont en mouvement.

Respiration : Inspirez en amenant le ballon derrière la tête ; soufflez en ramenant le ballon au-dessus de la tête.

Vous commencez à redessiner vos jolis bras, alors persévérez !

LES AISSELLES

Durée de l'exercice : 5 minutes

Temps d'effort : 1 minute

Pause : 15 secondes

Répétitions : 4 fois pour chaque bras

→ Debout, le dos bien droit, le regard droit devant, les épaules basses, rentrez le ventre.

→ Placez le ballon sous l'aisselle, le bras tendu.

→ Faites des pressions le long du corps avec votre bras tendu et le ventre gainé.

→ Relâchez et changez de côté.

Respiration : Soufflez pendant l'effort ; inspirez au relâchement.

LES ÉPAULES

Durée de l'exercice : 5 minutes

Temps d'effort : 1 minute

Pause : 15 secondes

Répétitions : 4 fois

→ Debout, les pieds écartés de la largeur des hanches, en auto-grandissement, les genoux légèrement pliés.

→ Placez le ballon entre vos mains devant la poitrine.

→ Placez vos coudes vers l'extérieur.

→ Serrez le ballon avec les paumes des mains.

→ Relâchez en gardant le ballon entre vos mains.

→ Gardez vos épaules basses et le dos droit.

Respiration : Soufflez en serrant le ballon ; inspirez en relâchant.

LES BRAS TENDUS

Durée de l'exercice : 5 minutes

Temps d'effort : 1 minute

Pause : 15 secondes

Répétitions : 4 fois

- Debout, les pieds écartés de la largeur des hanches, les genoux légèrement pliés, les épaules basses.
- Tenez le ballon dans vos mains.
- Tendez les bras, pressez le ballon.
- Relâchez. Ramenez le ballon face à vos yeux.

Respiration : Soufflez en serrant le ballon ; inspirez en relâchant.

Sentez-vous canon, vous agissez pour votre corps !

LES MAINS CONTRE LE MUR

Durée de l'exercice : 5 minutes

Temps d'effort : 45 secondes

Pause : 15 secondes

Répétitions : 4 fois

- Debout, les pieds serrés sous les hanches ou écartés, les mains à hauteur de votre tête, avec un ballon pour chaque main.
- Plaquez les ballons contre le mur, alternez la pression de vos mains sur les ballons : gauche/droite.
- Rentrez le ventre et maintenez la posture.

Respiration : Soufflez en poussant d'un côté ; inspirez de l'autre.

Identifiez : c'est où que ça chauffe ?

LE VENTRE PLAT

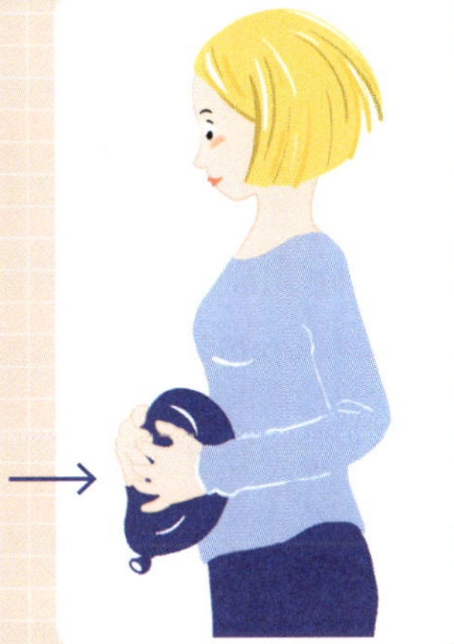

Durée de l'exercice : 5 minutes

Temps d'effort : 1 minute

Pause : 15 secondes sans relâcher

Répétitions : 4 fois

→ Debout, les genoux légèrement pliés, le dos droit et le regard vers l'avant.

→ Plaquez le ballon contre votre ventre.

→ Poussez le ballon en rentrant le nombril lors de l'expiration.

→ Revenez en position de départ en inspirant.

→ Grandissez-vous du début à la fin.

Respiration : Soufflez en rentrant le ventre ; inspirez en relâchant le ventre et en desserrant le ballon.

Un ventre plat, un rêve ? Non, de la discipline, c'est votre meilleur atout.

ÉQUILIBRE ET POSTURE

Durée de l'exercice : 5 minutes

Temps d'effort : 1 minute

Pause : 15 secondes

Répétitions : 4 fois

- Debout, les pieds écartés de la largeur des hanches.
- Fléchissez légèrement les jambes.
- Grandissez-vous et regardez droit devant.
- Levez un genou en passant le ballon sous le genou levé.
- Reposez le pied au sol.
- Levez l'autre genou en passant le ballon sous celui-ci.
- Recommencez.

Respiration : Soufflez en levant le genou ; inspirez en reposant le genou.

Option plus difficile : Exécutez le mouvement les yeux fermés.

Variante : Changez de lieu pour modifier la texture du sol (terre, sable, dans l'eau…). Ainsi vous forcez le cerveau et le corps à trouver l'équilibre. Veillez à assurer votre sécurité. On ne fait pas cet exercice au sommet du mont Blanc.

Nadia Comăneci, sors de ce corps ! Bravo, vous devenez solide et stable.

L'ARRIÈRE DES CUISSES

Durée de l'exercice : 5 minutes

Temps d'effort : 1 minute

Pause : 15 secondes

Répétitions : 4 fois

➡ Allongez-vous sur le côté en ramenant les genoux devant vos hanches (en PLS).
➡ Placez le ballon dans le creux du genou qui se trouve au-dessus.
➡ Pressez le mollet contre le ballon (comme pour qu'il explose).
➡ Relâchez en gardant le ballon dans le creux.
➡ Changez de côté, puis répétez les 4 tours.

Respiration : Soufflez en compressant le ballon ; inspirez en relâchant.

L'INTÉRIEUR DES CUISSES (NIVEAU FACILE)

Durée de l'exercice : 5 minutes

Temps d'effort : 1 minute

Pause : 15 secondes

Répétitions : 4 fois

➡ Assise au sol, les genoux pliés et les pieds à plat au sol écartés de la largeur des hanches.
➡ Posez les mains au sol et repoussez le sol avec les paumes des mains. Étirez votre colonne et votre crâne.
➡ Placez le ballon entre vos cuisses et bloquez-le sans le compresser. Aspirez le nombril pour activer le transverse.
➡ Serrez le ballon avec vos cuisses sans décoller vos pieds du sol. Desserrez vos cuisses sans faire tomber le ballon.

Respiration : Soufflez en pressant le ballon ; inspirez en relâchant.

L'INTÉRIEUR DES CUISSES (NIVEAU INTERMÉDIAIRE)

Durée de l'exercice : 5 minutes

Temps d'effort : 1 minute

Pause : 15 secondes

Répétitions : 4 fois

➔ Allongée sur le dos, en chaise renversée (les genoux pliés en angle droit).

➔ Placez le ballon entre les deux pieds, les pointes de pieds vers le ciel.

➔ Compressez le ballon avec les pieds, le ventre rentré. Relâchez en gardant le ballon entre les pieds.

Respiration : Soufflez en pressant le ballon ; inspirez en relâchant.

L'INTÉRIEUR DES CUISSES (NIVEAU ++)

Durée de l'exercice : 5 minutes

Temps d'effort : 1 minute

Pause : 15 secondes

Répétitions : 4 fois

➔ Allongée sur le dos, les pieds en l'air, jambes tendues.

➔ Placez le ballon entre les deux pieds, les pointes de pieds vers le ciel.

➔ Compressez le ballon avec les pieds, le ventre rentré. Relâchez en gardant le ballon entre les deux pieds.

Respiration : Soufflez en pressant le ballon ; inspirez en relâchant.

LES CUISSES ET LES MOLLETS

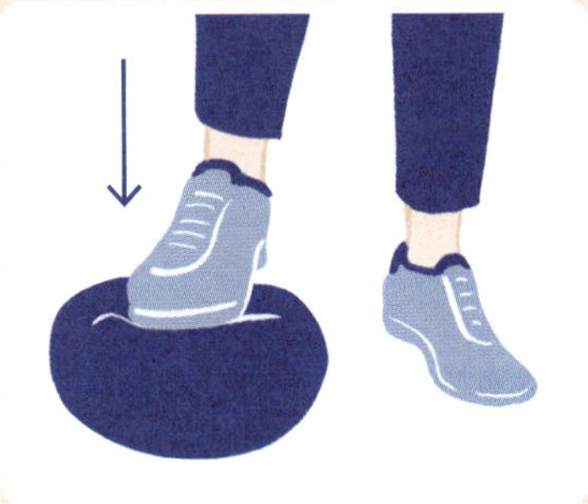

Durée de l'exercice : 5 minutes

Temps d'effort : 1 minute

Pause : 15 secondes

Répétitions : 4 fois

➡ Assise sur une chaise, en auto-grandissement, avec ou sans les mains sur le côté du siège.

➡ Placez le ballon au sol en restant assise.

➡ Posez un pied sur le ballon.

➡ Repoussez le ballon contre le sol avec le talon.

➡ Relâchez, puis recommencez avec le même pied pendant une minute à un rythme régulier.

➡ Changez de pied.

➡ Rentrez votre nombril et grandissez-vous tout au long de l'exercice.

Respiration : Respirer à votre rythme. Pensez juste à rentrer le ventre en soufflant.

Option plus difficile : Exécutez le même mouvement en position debout, en vous tenant à un support obligatoirement (poteau, mur, banc…).

Ne perdez plus du poids, mais perdez du gras !

MASSAGE DU DOS

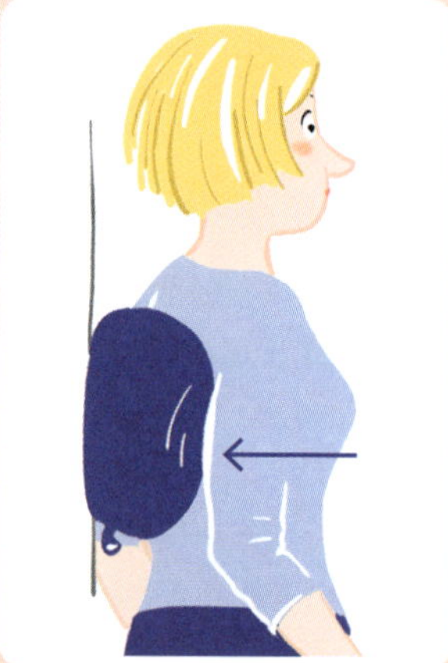

Durée de l'exercice : 2 minutes 30

Temps d'effort : 1 minute

Pause : 15 secondes

→ Debout, dos au mur, placez le ballon au milieu de votre dos.
→ Appuyez sur le ballon avec votre dos.
→ Faites des mouvements circulaires, de bas en haut, de gauche à droite.
→ Gardez toujours le ballon en contact avec votre dos.
→ Pliez ou dépliez vos jambes si besoin, pour effectuer le déplacement du dos sur le ballon.

Respiration : Respirez à votre rythme. Pensez juste à rentrer le ventre en soufflant et à garder une bonne posture du dos pendant la séance d'automassage.

Continuez à vous faire du bien, c'est ça, prendre soin de soi !

DÉTENTE – ÉTIREMENT

Durée de l'exercice : 3 minutes

Temps d'effort : 45 secondes

Pause : 15 secondes

➡ À quatre pattes, posez les fesses sur les talons, les mains loin devant tenant le ballon. Les fesses sont en opposition avec le ballon qui se dirige vers l'avant.

➡ Imaginez que vous devez déposer votre poitrine et votre tête au sol.

➡ Allongez la colonne et sentez l'étirement des muscles de votre dos.

➡ Cherchez loin vers l'avant avec le ballon, relâchez, et repartez loin vers l'avant en gardant toujours les fesses sur les talons.

Respiration : Soufflez en avançant les mains, le ballon vers l'avant ; inspirez en relâchant.

MES CONSEILS[1]

Le ballon gonflable, appelé aussi ballon de baudruche, est léger et étanche. Au fil des jours, il peut se dégonfler car le latex contient des mailles qui laissent passer l'air tout doucement. Pour éviter cela, stockez votre ballon dans un endroit sans écart de température.

Il existe différentes qualités de ballon. Choisissez des ballons en latex 100 % bio et biodégradable. L'appellation biodégradable ne peut en aucun cas être prétexte à l'abandon du produit dans la nature.

Ne gonflez jamais trop un ballon. Il doit rester souple. Un ballon en forme de poire est trop gonflé.

1. Avec les conseils de la Boutique du ballon à Hœrdt (67).

LES 11 ACTIONS *POUR METTRE LE CORPS EN MODE TURBO*

1. BOIRE DE L'EAU

Ce réflexe est indispensable à de nombreux processus de notre métabolisme. Augmenter son apport en eau de 50 cl augmente les calories brûlées entre 25 et 30 % pendant une heure. Attention, ça ne fait pas tout ! Boire de l'eau peut aussi tromper votre faim.

2. LA BONNE DOSE DE PROTÉINES

Avoir une consommation juste en protéines stimule le métabolisme, diminue la faim et génère des hormones qui régulent le poids. La consommation en protéines pures se situe entre 1 g, voire 1,2 g par kg. Donc : si je fais 80 kg, je consomme 80 x 1,2 = 96 g de protéines pures. Sachant par exemple que dans 100 g de poulet, nous avons 20 g de protéines pures et dans 100 g de fromage blanc,10 g de protéines pures.

Le corps dépense beaucoup d'énergie, à hauteur de 33 %. Et quand il doit digérer des aliments riches en protéines, on appelle cela « l'effet thermique » ou « thermogenèse alimentaire ». Elle est différente en fonction du nutriment : plus une viande ou un poisson est maigre, plus il est riche en protéines. Il faut ainsi nourrir ses muscles pour brûler plus.

3. BOUGER

Mettez en place une activité pour renforcer la masse musculaire. Le cardio ne fait pas tout ! Visez la progression, et passez de 5 000 à 10 000 pas par jour.

4. CHANGER SON PETIT DÉJEUNER

Votre cerveau a besoin de gras et de protéines le matin. J'ai lu sur les réseaux et j'adore : votre petit déjeuner ne doit pas être un repas composé uniquement d'un dessert. Biscotte et confiture ne constituent pas un repas.

5. METTRE PLUS DE FIBRES DANS L'ASSIETTE

Si actuellement vous êtes à 8 à 10 g de fibres par jour, l'objectif est d'en mettre 3 fois plus. Sachez que 1 g de fibres représente 0 calorie. En revanche, le corps dépense 7 calories pendant la digestion d'1 g de fibres.

6. JUSTE UN PETIT DÉFICIT

Créez un petit déficit calorique pour éviter de perdre de la masse musculaire et de mettre votre corps et votre cerveau en détresse. Alerte famine ! On maigrit en mangeant.

7. RÉDUIRE SON STRESS

Nous devons calmer notre état interne. Pour ralentir, l'organisme a besoin de mettre à l'équilibre le GABA, ce neurotransmetteur qui apaise. Ralentir est le mot d'ordre, on prend son temps pour éviter d'activer un surplus de cortisol en demandant constamment un effort inutile d'adaptation.

Les signes d'un état intense de stress : perte de cheveux, pas trop faim le matin, envie de sucre, anxiété (peur), ballonnement, prise de poids, irritabilité, palpitation, système nerveux à 2 000 à l'heure... Recherchez alors un boost d'endorphines comme le rire, du sport, de la musique, un film... Pour un boost de sérotonine, visez un contact avec la nature.

8. DES PRODUITS FRAIS

Favorisez les produits frais et non transformés, riches en antioxydants pour des cellules protégées.

9. BOIRE DU THÉ VERT

La consommation de thé vert augmenterait le métabolisme de base (c'est-à-dire que même au repos, on brûle des calories en permanence). Si vous n'aimez pas le thé, buvez de l'eau.

10. RÉDUIRE LE SUCRE RAFFINÉ ET LE SUCRE RAPIDE

Cela permet d'éviter les pics d'insuline, véritable pompe à gras. Vous serez en meilleure forme, meilleure humeur, vous perdrez du gras, vous ressentirez moins de fatigue et aurez un teint plus jeune.

11. AMÉLIORER SON SOMMEIL POUR UNE BONNE RÉCUPÉRATION

Allégez le repas du soir, prenez une douche un peu plus fraîche pour descendre la température du corps, aérez la pièce et veillez à avoir le noir complet dans votre chambre. Un organisme en forme permet de mieux déstocker.

POUR RÉUSSIR VOTRE CHANGEMENT DE SILHOUETTE ET AMÉLIORER VOTRE IMAGE, L'ENTRAÎNEMENT PAR LA RÉPÉTITION EST VOTRE MEILLEUR ATOUT.
AVEZ-VOUS UNE IDÉE DU NOMBRE D'HEURES D'ENTRAÎNEMENT D'UNE ATHLÈTE EN GYMNASTIQUE RYTHMIQUE AVEC CERCEAU COMME CELLES QUE L'ON A VUES AUX JEUX OLYMPIQUES ? ENVIRON 35 HEURES PAR SEMAINE !

Les héroïnes
RÉSILIENCE MINCEUR

J'AFFECTIONNE PARTICULIÈREMENT WONDER WOMAN, 53 ANS,
- 20 kg en 1 an, et ce n'est pas terminé !

C'est une femme bienveillante, respectueuse, apaisante, plutôt sédentaire avec un travail stressant de bureau, qui avait un objectif de perte de poids de 40 kg.

Elle est venue me voir parce qu'elle avait essayé des milliers de régimes depuis son enfance, sans succès, et se sentait découragée. Son mode de vie manquait d'équilibre et son amour pour les aliments sucrés et gras, comme la charcuterie et le fromage, nuisait à ses efforts de perte de poids.

Elle voulait perdre du poids pour respirer plus facilement, réduire la taille de ses vêtements, améliorer son image de soi, et se sentir mieux intégrée dans la société. En résumé, elle voulait se sentir à sa place et confiante au quotidien, et éloigner la peur d'être jugée négativement.

COMMENT AVONS-NOUS ABORDÉ SON PARCOURS MINCEUR ?

Voici ce que nous avons mis en place ensemble :

- Apprendre à prendre soin de soi.
- Gagner en assurance.
- Prendre du recul et comprendre que les jugements des autres parlent plus d'eux-mêmes que de soi.

- Simplifier l'organisation quotidienne.
- Abandonner le syndrome de la bonne élève.
- Utiliser ses talents et ses forces à son avantage.
- Mettre en avant ses valeurs.
- Comprendre ce que la tristesse et la colère révèlent.
- Travailler sur l'acceptation de soi.

LES RÉSULTATS

Au fil des semaines, Wonder Woman a retrouvé la forme et le bien-être. Elle a amélioré sa capacité à faire des choix et a changé sa perspective sur les « craquages ». Elle a su répondre à ses besoins et a considérablement réduit les fringales. Ensemble, nous avons instauré une dynamique positive pour atteindre son objectif en toute sérénité.

Je la remercie sincèrement pour sa confiance.

Même si votre passé n'a pas été valorisant, vous ne pouvez pas changer le passé. Cependant, vous avez un bel avenir devant vous pour écrire un nouveau chapitre et nourrir le sentiment de fierté.

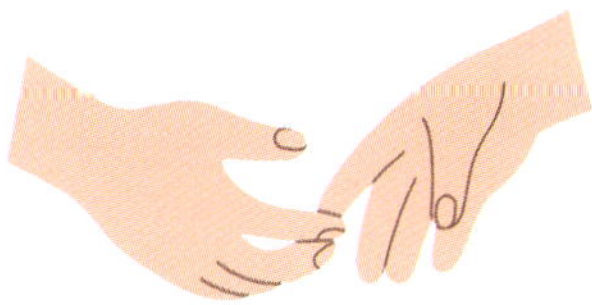

Les héroïnes
RÉSILIENCE MINCEUR

POCAHONTAS, 51 ANS,
a perdu 8 kg en 3 mois.

Rencontrer Pocahontas, une femme joyeuse et déterminée à mettre fin à des années de yoyo pondéral, fut un vrai plaisir. Son grand rêve ? Perdre 100 kg en 10 ans. Cette maman au foyer marseillaise, artiste dans l'âme, talentueuse, aimante et créative, a décidé de reprendre le contrôle de sa vie.

Ses objectifs étaient de retrouver une liberté de mouvement, plus d'énergie, de faire la paix avec soi-même et avec la nourriture. Depuis ses 10 ans, Pocahontas a enchaîné les régimes et les épisodes d'auto-sabotage. Elle souhaitait un accompagnement personnalisé, loin des contraintes rigides et des jugements.

COMMENT AVONS-NOUS ABORDÉ SON PARCOURS MINCEUR ?

- Nous avons travaillé ensemble pour mettre en place un programme flexible.
- **Activité physique :** passer d'une grande sédentarité à la remise en mouvement, même juste 5 minutes par jour, c'est mieux que rien.
- **Motivation et constance :** focaliser sur la motivation et nourrir la détermination. Comprendre que le cerveau adore la nouveauté pour éviter l'ennui et la lassitude qui mènent au grignotage.
- **Alimentation :** introduire de nouveaux aliments et augmenter la consommation de fibres pour rétablir l'équilibre. Distinction entre besoin de ressourcement (repos) et besoin d'énergie (alimentation).

- **Pensées inutiles et émotions :** sortir des « il ne faut pas » pour passer à l'action. Gérer les émotions qui conduisent à la nourriture et donner les clés pour être autonome.

LES RÉSULTATS

Pendant le cycle Résilience Minceur, Pocahontas a ressenti :

- **Énergie et motivation :** un démarrage waouh grâce à l'énergie du groupe privé WhatsApp et aux master class.
- **Apprentissages :** de la richesse en connaissances et en partages. Apprendre lui a permis de comprendre ses failles. Pas de manque, pas d'envie de grignoter.
- **Libération :** moins de culpabilité, un détachement de la balance et surtout, moins de pression. Elle bouge progressivement et reconnaît que chercher à être la meilleure peut enclencher le sabotage.

Aujourd'hui, Pocahontas est motivée, déterminée, avec un moral requinqué. Je lui souhaite de réaliser son rêve. Bravo à elle pour avoir tenu le cap pendant ces 3 mois !

Mon carnet
RÉSILIENCE MINCEUR

3 SEMAINES POUR METTRE EN PLACE LE CHANGEMENT

Saviez-vous que le cerveau a besoin de 21 jours, soit 3 semaines, d'application d'une nouvelle habitude pour qu'elle devienne automatique ? Je vous propose donc un défi nutrition en 3 semaines pour mettre en place le changement et vous engager dans votre parcours Résilience Minceur.

Ce programme est conçu pour mettre en lumière le potentiel de chacune à prendre son parcours perte de poids en main avec motivation et discipline. Le but est simple : démarrer solidement, se motiver continuellement et établir un cadre clair pour une silhouette harmonieuse et une forme olympique.

À la fin de ces 3 semaines, vous aurez acquis les outils nécessaires pour poursuivre avec confiance et autonomie. Vous disposerez des connaissances pour effectuer des choix sains et aurez développé des stratégies pour maintenir votre motivation à un niveau élevé.

Ce carnet qui marque le début de votre parcours Résilience Minceur sera le reflet de votre évolution et vous permettra de faire le point sur vos résultats. Il n'est pas question de tout reporter, mais d'avoir une petite référence afin de modifier le plan pour réussir. L'idée est de prendre conscience du travail accompli et de votre capacité à ne rien lâcher ! Faites-vous confiance, la victoire est au bout du chemin.

SOUVENEZ-VOUS QUE VOS CHOIX ET VOS DÉCISIONS FACE AUX ÉPREUVES AURONT TOUJOURS UN IMPACT SUR VOS RÉSULTATS FUTURS. UNE RÈGLE D'OR EST DE SAVOIR CE QUE L'ON VEUT POUR ALLER OÙ L'ON DOIT. MAIS ATTENTION, NE FONCEZ PAS À TOMBEAU OUVERT. LE TEMPS EST UN PRÉCIEUX ALLIÉ.

SEMAINE 1 : DÉMARREZ AVEC DES FONDATIONS SOLIDES

Quand il s'agit de prendre en main sa forme et son bien-être, tout commence par l'alimentation. C'est le premier pas vers une transformation durable de votre mode de vie. L'équilibre des macronutriments – protéines, lipides et glucides – est essentiel pour poser ces fondations. Je vous invite à lire le chapitre 3 de ce guide et à évaluer vos habitudes actuelles. Notez tout ce que vous mangez. Cela va vous aider à apprécier l'équilibre de vos macronutriments et à identifier les points à améliorer. Faites aussi le point sur votre mode de vie et sur votre fonctionnement quotidien.

Avant de commencer le programme Résilience Minceur, évaluez en pourcentage votre capacité à :

- équilibrer votre assiette : ...... /100 %
- consommer des fibres : ....../100 %
- respecter votre taux de protéines : ....../100 %
- gérer vos émotions : ....../100 %
- améliorer votre sommeil : ....../100 %
- être en forme : ....../100 %
- bouger régulièrement : ....../100 %
- inclure des omégas 3 : ....../100 %
- boire 2 litres d'eau par jour : ....../100 %

SEMAINE 1

Poids de départ : ....

Notez vos progressions jour après jour : humeur, motivation, défis, focus, toutes vos actions gagnantes : ....

....

	PETIT DÉJEUNER	DÉJEUNER	DÎNER	EXTRA / EAU
LUN.				
MAR.				
MERC.				
JEU.				
VEN.				
SAM.				
DIM.				

SEMAINE 2 : CULTIVEZ VOTRE MOTIVATION POUR GARDER LE CAP

N'essayez pas de changer radicalement votre assiette et votre mode de vie du jour au lendemain. Introduisez des changements progressifs pour laisser le temps à votre corps de s'adapter. Et surtout, veillez à entretenir votre motivation, cette force intérieure pour atteindre vos rêves les plus fous ! Pour cela, identifiez vos valeurs et vos intérêts, fixez-vous des objectifs personnels et célébrez vos réussites, même petites.

Comment installer de l'amélioration ? Entourez les points à améliorer.

- **Équilibrer vos assiettes :** plus de protéines ? Plus de lipides ? Plus de glucides ? Plus de fibres ? Plus de quantité ? Moins de quantité ?
- **Augmenter les fibres :** avec plus de légumes ? Plus de légumineuses ? Plus de fruits ? Plus d'aliments complets ? Des graines ?
- **Booster vos protéines :** plus de viande ? Plus de poisson ? Plus de légumineuses ? Plus de protéines végétales ? Plus de fromage blanc ? Plus de crustacés ? Des œufs ?
- **Gérer vos émotions :** prendre du recul ? Vous laisser traverser ? Les accepter ? Souffler pour descendre en intensité ? Les nommer ? Les décrire ? Les vivre ? Rester dans l'observation ? Vous rassurer ?
- **Améliorer votre sommeil :** vous coucher plus tôt ? Manger plus de féculents le soir ? Être plus active ? Prendre une douche plus fraîche avant le coucher ? Refuser de dormir devant la télévision ? Effectuer des exercices de relaxation et respiration ? Lire ?
- **Être en forme :** prendre des protéines dès le matin au petit déjeuner ? Nourrir son cerveau d'activités ? Apprendre ? Rire ? Cuisiner ? Prendre soin de soi ? Manger des aliments non transformés ? Se ménager ? S'écouter ? Sortir ? S'amuser ? Créer des liens ?
- **Bouger plus :** marcher ? Danser ? Piscine ? Vélo ?
- **Intégrer des omégas 3 :** varier ses huiles - chanvre, caméline, lin... ? Manger des oléagineux ? Des petits poissons gras ?
- **Boire de l'eau :** 10 verres d'eau ? 1 grande bouteille ? 4 petites bouteilles ? Une gourde ? Application rappel ? Au réveil ? Entre les repas ?

SEMAINE 2

Notez vos progressions jour après jour : humeur, motivation, défis, focus, toutes vos actions gagnantes : ....

....

....

	PETIT DÉJEUNER	DÉJEUNER	DÎNER	EXTRA / EAU
LUN.				
MAR.				
MERC.				
JEU.				
VEN.				
SAM.				
DIM.				

SEMAINE 3 : CADREZ POUR DES ROUTINES ET DES HABITUDES ALIMENTAIRES SAINES

Mettre en place des routines et des habitudes alimentaires saines présente de nombreux bénéfices tels qu'une meilleure gestion de votre poids, un meilleur fonctionnement de votre système immunitaire, une meilleure digestion, une meilleure concentration, un risque réduit de maladies chroniques. Ça vaut le coup, mais comment poser un cadre durable ? Voici quelques conseils :

- Planifiez vos repas : vous évitez ainsi des choix impulsifs et peu sains.
- Faites la part belle aux fruits et aux légumes : au moins 5 portions par jour dans vos repas.
- Limitez les aliments transformés : ce sont des aliments riches en calories et pauvres en nutriments.
- Prenez le temps de manger : savourez sans distraction pour mieux ressentir la satiété.
- Hydratez-vous régulièrement : pensez à boire tout au long de la journée.
- Évitez les régimes restrictifs : adoptez plutôt une alimentation variée pour offrir à votre corps tous les nutriments dont il a besoin.

Après le programme Résilience Minceur, évaluez en pourcentage votre capacité à :

- équilibrer votre assiette : .... /100 %
- consommer des fibres : ..../100 %
- respecter votre taux de protéines : ..../100 %
- gérer vos émotions : ..../100 %
- améliorer votre sommeil : ..../100 %
- être en forme : ..../100 %
- bouger régulièrement : ..../100 %
- inclure des omégas 3 : ..../100 %
- boire 2 litres d'eau par jour : ..../100 %

SEMAINE 3

Votre résultat perte de poids en 15 jours : ....

Notez vos progressions jour après jour : humeur, motivation, défis, focus, toutes vos actions gagnantes : ....

....

	PETIT DÉJEUNER	DÉJEUNER	DÎNER	EXTRA / EAU
LUN.				
MAR.				
MERC.				
JEU.				
VEN.				
SAM.				
DIM.				

LE MOT DE LA FIN

Lorsque j'ai entrepris d'écrire ce livre, mon intention était simple : vous offrir un rendez-vous intime avec vous-même, un guide vers un équilibre juste et harmonieux. Mon désir est de vous aider à prendre en compte dans vos assiettes les macronutriments, à vous reconnecter aux besoins de votre corps, à sortir de toutes vos peurs et à chercher constamment le progrès et l'amélioration.

Je suis pleinement consciente que faire un pas vers soi peut s'avérer difficile. Ce parcours est souvent parsemé de nouveaux défis, de repères à trouver, à construire et à valider. Il exige du courage et de la persévérance, mais il est surtout riche d'enseignements et de découvertes personnelles. Il est toujours possible de contourner les règles pour arriver à ses fins, mais les extrêmes ne sont jamais vos meilleurs alliés.

Tandis que j'écris ces mots, dictant mes pensées en mode vocal à la salle de sport, **mon cœur est rempli de gratitude pour votre confiance et votre fidélité**. Ce qui m'attriste, lorsque je vous lis sur les réseaux sociaux, c'est de constater que certaines d'entre vous ont abandonné le rêve d'une silhouette harmonieuse. Cela me peine de savoir que vous avez du mal à y arriver, que cette étincelle en vous semble éteinte.

Je comprends combien il peut être compliqué de porter ce poids encombrant chaque jour et chaque nuit. **Mais souvenez-vous que parfois la colère, la souffrance, la peur et l'inconfort peuvent aussi être des sources de motivation et de déclic.** C'est comme monter une étagère sans notice... Cela paraît impossible au début, mais une fois que vous avez trouvé de l'aide et que l'on vous a expliqué où va cette maudite vis B12, ça roule tout seul !

UN VOYAGE BIENVEILLANT VERS VOUS-MÊME

Mon objectif n'a jamais été de vous convaincre de perdre du poids à tout prix, mais plutôt de vous inciter à tenir vos engagements, à garder le cap. **Prenez des chemins de traverse, fortifiez votre état d'esprit, vos décisions et vos actions.** Traitez votre parcours minceur avec bienveillance, douceur et compassion. Ne l'abordez pas comme un dossier professionnel ou personnel quelconque.

Ce parcours dépend de vous uniquement, et vous n'avez besoin de l'approbation de personne pour prendre soin de vous et retrouver un confort intérieur. À vous de décider, de choisir. Évitez les dilemmes, apprenez à identifier vos adversaires intérieurs, et **ouvrez votre cœur à un champ des possibles infini**. Donnez-vous une autre chance.

Si lors d'une soirée, l'ambiance est mauvaise, n'hésitez pas à partir. Vous méritez de vous entourer de ce qui vous correspond le mieux. Si vous en avez assez de la situation dans laquelle vous vivez, prenez la décision de changer et dirigez-vous vers ce qui vous rend heureuse. Mais avant tout, prenez votre temps !

Chère lectrice, il est temps pour moi de vous quitter car une séance de musculation m'attend. Oui, j'ai de la fonte à soulever ! Je vous embrasse fort et je vous souhaite le meilleur, parce que je sais que vous êtes la meilleure.

Si aucun conseil de ce livre ne vous a apporté de réconfort ou de motivation, je le regrette ! Alors je vous invite à prendre un cahier et à y écrire votre propre histoire. Partagez vos solutions, faites-les éditer et inspirez d'autres personnes sur leur propre chemin.

Quoi qu'il en soit, choisissez la version de vous-même qui sera la plus en phase avec cette femme merveilleuse que vous n'avez peut-être pas encore rencontrée…

Avec toute mon affection,

Anna,
votre coach motivation.

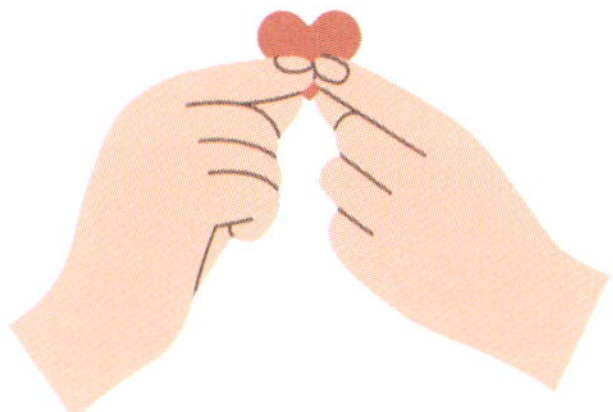

MISE EN GARDE

Malgré tout le soin apporté à la rédaction de cet ouvrage, une erreur aura pu s'y glisser. L'autrice et l'éditeur déclinent toute responsabilité concernant la mise en œuvre des propos présentés. Ce livre ne saurait remplacer un médecin, ni se substituer à un traitement médical. L'autrice et l'éditeur ne sauraient être tenus pour responsables des conséquences qui découleraient de l'utilisation du présent ouvrage ni, bien sûr, en cas d'interprétation erronée.

Crédits
Toutes les illustrations © Shutterstock
Pour les dessins de la session « ballon plume » et le dessin des encadrés p. 29, p. 65, p. 77, p. 86, p. 95, p. 121 © Claire Morel Fatio
Photo en couverture et p. 3, p. 6 © Studio Lenoir

Direction de la publication : Isabelle Jeuge-Maynart et Ghislaine Stora
Direction éditoriale : Émilie Franc et Julie Martin
Édition : Laure Sérullaz
Relecture-correction : Anne-Claire Letki
Direction artistique : Géraldine Lamy
Couverture : Clarisse Delande
Conception graphique et mise en page : Claire Morel Fatio
Fabrication : Marina Dartigues Plum

Imprimé en Espagne par MACROLIBROS SL
Dépôt légal : avril 2025
337741/01 – 11056698 – mars 2025